仕事に役立つ
専門紙・業界紙

吉井 潤 YOSHII Jun

青弓社

目次

仕事に役立つ専門用語・基礎知識

はじめに …… 6

第1章

日本でのビジネス支援サービス …… 9

1-1 図書館×ビジネス＝ん？ …… 10

1-2 ビジネス支援図書館推進協議会の設立と活動 …… 10

1-3 ビジネス支援図書館の具体例 …… 13

第2章

ビジネス支援サービスでの 専門紙・業界紙 …… 21

2-1 利用される本の限界 …… 22

2-2 専門紙・業界紙の重要性 …… 24

2-3 専門紙・業界紙を知るための情報源 …… 26

2-4 発行元の特徴 …… 27

2-5 図書館としての入手可能性 …… 28

第3章

専門紙・業界紙の概要 …… 31

3-1 新聞記者・業界団体の著書 …… 32

3-2 大阪府立中之島図書館での専門紙・業界紙の事例 …… 48

3-3 日本専門新聞協会とは …… 48

3-4 専門紙・業界紙の特徴を知る …… 51

3-5 候補の洗い出しと絞り込み …… 52

第4章

専門紙・業界紙の特徴を知る …… 55

4-1 外形的な特徴を知る …… 56

4-2 内容の特徴を知る …… 57

4-3 形態の特徴を知る …… 63

4-4 業界ごとの特徴（日本標準産業分類順）…… 69

第5章

新聞発行元の特徴 …… 89

5-1 専門紙・業界紙はどのようなところで
作っているのだろうか …… 90

5-2 発行母体の概要 …… 91

第6章

図書館で専門紙・業界紙を読む …… 101

6-1 購読できるもの、できないもの …… 102

6-2 紙媒体、データベース、デジタル版で読む …… 103

6-3 購読料 …… 106

6-4 業界別（日本標準産業分類）の入手可能性 …… 109

第7章

ビジネス支援サービスでの
専門紙・業界紙の収集と提供の経験 …… 117

7-1 新宿区立角筈図書館の
企業創業コーナーを作る …… 118

7-2 寄贈依頼を始める …… 119

7-3 専門紙・業界紙の利用 …… 124

おわりに …… 133

資料 専門紙・業界紙 400紙リスト …… 135

装丁──山田信也［スタジオ・ポット］

はじめに

　あなたはコンビニエンスストアに行ったとき、レジ横に陳列されている肉まんなどの中華まんを買うことがあるだろうか。もし、買うとしたら何を基準にするだろうか。そのときの気分、お気に入りの味、初めて見た味のもの、基準はそれぞれあると思う。ただ、ケースに中華まんの名前と断面の写真と値段がついているだけで、提供される情報が少ないと思ったことはないだろうか。そんなとき、「コンビニエンスストア新聞」2016年12月1・15日付の6面と7面に中華まんについて詳しく書かれていて、ファミリーマートで11月29日から発売されたチーズカレーまんの特徴として「コクのある欧風タイプカレーと、チーズの味がしっかり感じられるカレーまん。従来よりも具材量をアップしている。また、ゴーダチーズとモッツァレラチーズに加え、パルメジャンチーズを配合して味の深みを増している」とあり、こう記されていると気になってチーズカレーまんを買ってみたくなる。

　TBS系列で放送されている『ジョブチューン──アノ職業のヒミツぶっちゃけます!』(2017年1月28日)では、セブン-イレブンのおでんを取り上げていた。しらたきの製造行程の映像を見ているときに思い出したのは「コンビニエンスストア新聞」2016年9月1日付1面の「「おでん」の季節が到来!」という記事。「セブン-イレブン・ジャパンは8月9日から、2016年度の「おでん」をスタート。今回もつゆの美味しさを一層追求、各エリアのだし文化を踏襲して見直しを実施し、地域に根ざした味わいを提供している」とのことだ。

　筆者がよく行く飲食店の店員との雑談のなかで、「缶チューハイなどのアルコール度数が低いお酒では何がいちばん売

れたんですかね」という話が出たことがある。各社いろいろな缶チューハイや缶カクテルを出していて、コマーシャルもよく目にするが、後日、思い出したので少し調べてみたら「酒販ニュース」2017年1月21日号の32面に2016年の市況の記事があった。「トップブランドの〈氷結〉は前年比6％増だった。サントリー〈−196℃〉とトップブランドの座を巡って終盤まで鍔迫り合いを演じたが、振り切った」そうだ。「読売新聞」や「日本経済新聞」などの新聞では日常生活に欠かせない情報を得ることができる。ただ、ここに挙げたコンビニ商品にまつわるちょっとしたことを知りたいようなときには、普段手に取っている一般的な新聞よりも、特定分野に特化した専門紙・業界紙が役立つ。日常生活をより充実させるためだけでなく、営業やクライアントに対して何かプレゼンをするときなど、データや統計が必要な場合に活用できる新聞があるかもしれない。例えば、会社で何かプロジェクトを立ち上げるときに、コンサルタントに高い費用を払って調査を委託したのに、できあがったレポートにがっかりしたことはないだろうか。そんなとき、関係がありそうな専門紙・業界紙をめくってみると、ほしかった数字や事例が見つかるかもしれない。

東京の有楽町や東京駅近くのコンビニエンスストアで「日経ヴェリタス」「日経MJ」「日経産業新聞」が売られているのを見ることはあるが、特定分野の専門紙・業界紙はまず置いていない。専門紙・業界紙をわざわざ探さない人は名前さえ見たことがない新聞もあると思う。

ちょうど、本書をまとめている2016年12月に統合型リゾートに関するIR推進法が国会で取り上げられていたが、いまに始まったことではなく、以前からそのような動きはあったので、観光関係の専門紙・業界紙を普段手に取っている方にはそれほど驚くことではなかっただろう。翌年17年には

一般紙やテレビで、東芝のアメリカでの原発事業について、巨額損失を計上する見通しになったことが大きく取り上げられたが、普段から気にしていないと「東芝がなぜアメリカの原発事業に」と思うかもしれない。しかし、専門紙・業界紙を購読していれば、東芝だけでなく他にも海外に進出している電気製品メーカーが多いことがわかる。この2つの例は、本書内で再度、新聞名と合わせて触れることになるだろう。

　忙しくて本書をじっくり読む時間がとれないという方は巻末資料の400紙の新聞リストだけでもごらんいただき、少しでも多くの方に専門紙・業界紙に興味を持っていただけたらと思う。

第1章

日本での
ビジネス支援サービス

1-1 図書館×ビジネス＝ん？

　あなたの家の近所の町なかにある図書館はどんな図書館だろうか。子ども向けのおはなし会をたくさん開いている図書館。勉強している中学生や高校生の利用が多い図書館。大きくて本がたくさんある図書館。いろいろなスタイルの図書館があるだろう。あなた自身はどのような目的で図書館を利用するだろうか。本を借りるため、新聞を読むため、行事に参加するためなど、人により目的もさまざまだ。

　「ビジネス支援サービス」というサービスを提供している図書館がある。「仕事に役立ちそうな関係の本が並べてある本棚のことか」「診断士が図書館に来ておこなう起業相談のことか」「そんなの全然知らない。そんなのあったかな」「図書館がビジネスに役立つのかい?」こんな感想が聞こえてきそうだ。実は、日本の図書館でのビジネス支援サービスはほんの数年前に始まったことではなく、10年以上の蓄積がある。その経緯を紹介しよう。

1-2 ビジネス支援図書館 推進協議会の設立と活動

　アメリカのニューヨーク公共図書館のSIBL（科学・産業・ビジネス図書館）のビジネス支援サービスを紹介したジャーナリスト菅谷明子（ビジネス支援図書館推進協議会顧問）の報告をきっかけに、日本の図書館業界でもビジネス支援サービスについて関心が高まった。図書館関係者だけではなく出版関係者や経営コンサルタントなど様々な関係者が集まり、2000年12月にビジネス支援図書館推進協議会を設立。設立までの細かい経緯は松本功が記している[1]。推進協議会は、「図

書館の持つ情報蓄積をベースに、Webやデータベース等を装備してIT化を図り、これを運用する司書を養成して、図書館に創業とビジネスを支援する機能を付加したビジネス支援図書館が全国に生まれることを支援することを目的として設立[2]」された。

2001年9月から千葉県浦安市立図書館とビジネス支援図書館推進協議会の共催でビジネス支援セミナーと個別相談会が実施されるようになった。翌年には、東京都小平市立図書館でもセミナーや個別相談会が始まった。当時の浦安市立図書館の取り組みについては、常世田良が『浦安図書館にできること[3]』にまとめている。

2003年4月にはデータベース「日経テレコン21（公共図書館版）」がリリースされ、全国各地の図書館で導入し始めた。検索できる内容は「日本経済新聞」「日経産業新聞」「日経流通新聞」の記事だけでなく、企業情報や企業決算情報などのデータも含まれる。同年6月に経済財政諮問会議が策定した「経済財政運営と構造改革に関する基本方針2003」では「4.雇用・人間力の強化」のなかにビジネス支援図書館という言葉が入っている[4]。7月には、経済産業研究所（RIETI）による政策シンポジウム「アメリカ公共図書館のビジネス支援[5]」が開催された。

2006年になると『中小企業白書2006年版』（中小企業庁）のコラムに「地域の図書館が持つ豊富な情報の蓄積と、司書によるレファレンスをもとに、創業者や経営者へ情報の橋渡しの役割を担うことで、地域における開業活動や中小企業経営などを支援するものである[6]」と、ビジネス支援図書館の活動が記されている。図書館を所管する文部科学省は「これからの図書館像——地域を支える情報拠点をめざして（報告）」の「(3) 課題解決支援機能の充実」のなかで、ビジネス支援サービスの事例として静岡市立御幸町図書館について述べて

いる[7]。この静岡市立御幸町図書館の実践の詳細は『図書館はまちの真ん中[8]』に記されている。

2010年になると、ビジネス支援図書館推進協議会は、図書館振興財団の助成を受けて09年度に実施した第1回ビジネスレファレンス・コンクールで優秀だった質問回答事例集『図書館があなたの仕事をお手伝い。[9]』を発表した。実際に、仕事上の悩みや相談に対して、図書館で持っている本や雑誌、新聞、データベースなどを使ってどれだけ解決できたかの事例集である。相談例を以下に1つだけ挙げてみよう。

　　依頼者は、ある県庁所在地のオフィス街でとんかつ店を営む四代目の店長A氏である。とんかつ店は昭和38年に現店長の父が創業し、その後、実質的な経営者が母、祖母へと移り変わり、現在はA氏が店長をしている。現在のスタッフとしては36年前からこの店で働いている店長のA氏と、母、祖母、妻である。最近、店長の娘が経理とホームページの更新を手伝うようになったものの、スタッフの顔ぶれは昔とかわることのない状況で、スタッフの高齢化のみが進展している状況である。

　　そのような中、先日、祖母が体調を崩したことをきっかけとして、A氏は仕事の負担の高いランチをやめ、夜の営業に専念することを考え始めている。そこで、今回、とんかつ店に限らず、他の飲食店において昼のランチをやめた事例を探すとともに、他のとんかつ店の平均的な経営状況、フランチャイズ店での冷凍とんかつの仕組みなどを調査することとし、その調査を図書館員へ依頼した[10]。

現在まで、ビジネス支援図書館推進協議会は年に1回、ビジネス・ライブラリアン講習会をおこなっている。この講習

会では、日本のビジネス支援サービスの現状把握やマーケティングの基礎知識を図書館員が学ぶだけではなく、来館者への情報の道しるべとなるパスファインダー（調べ方案内リスト）作成演習やビジネスに関係する質問回答ができるようになるためのビジネス・レファレンス演習もおこなわれている。講習を通じて、ビジネス支援サービスに必要な本や雑誌などを受講者は知っていく。

　ビジネス支援サービスは全国アンケートの結果によると、2011年の時点で208館が実施している[11]。日本には全国で3,210の図書館があり、ビジネス支援サービスは日本の図書館でのサービスのひとつとして定着しつつあるのではないだろうか。以上のような00年から始まったビジネス支援サービスとは別に、ビジネスや産業に関連したサービスは神奈川県立川崎図書館などがおこなっていた。しかし、活動を主として担ったのは都道府県立図書館であり、想定していた利用者は個人というよりは企業であった。この点については田村俊作がまとめている[12]。

1-3　ビジネス支援図書館の具体例

　図書館でのビジネス支援サービスの具体的内容としては、ビジネス関係の図書・雑誌・データベースを1カ所に集めた「ビジネス支援コーナー」の設置、来館者からの質問回答事例集やパスファインダーの作成と公開、セミナーや個人相談会の実施がある。以下に4館の事例を紹介する。

　東京都の調布市立中央図書館では「ビジネス・仕事支援コーナー」を設置している。また調布市では、様々な業種の店の人が講師となって、専門店ならではの知識や情報、コツを無料で伝える、街のなかの少人数ゼミナール「調布まちゼミ」を開催しているため、図書館では講師を務める店の人向

図1　調布まちゼミ支援概要
提供：調布市立中央図書館

図2　第5回調布まちゼミ概要
提供：調布市立中央図書館

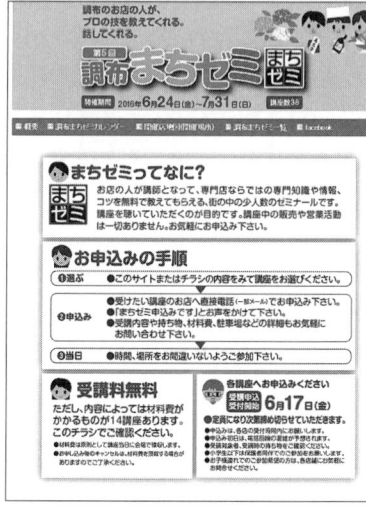

図3　若者しごと応援コーナー
提供：長岡市立中央図書館

図4　ビジネス関連パンフレット
提供：長岡市立中央図書館

けに「まちゼミ支援図書リスト」を作り、「ビジネス・仕事支援コーナー」で本の展示もおこなっている（図1・2を参照）。

新潟県の長岡市立中央図書館では、ヤングアダルトコーナーの手前に「若者しごと応援コーナー」を設置した（図3を参照）。これからの進路を考え始める中学生や高校生はどのような選択肢があるのかについて悩み、不安になることがある。そこで、職業そのものを紹介する本、仕事というものがわかる小説、面接や試験対策本など約400冊を集めた。また、中央図書館では行政や各種団体のビジネス関連パンフレットをビジネス支援コーナーに設置している（図4を参照）。

また、北海道札幌市中央図書館でもビジネス支援コーナーを開設している（図5を参照）。札幌市では2018年10月に文化

図5　ビジネス支援コーナー　提供：札幌市中央図書館

関係複合施設・札幌市民交流プラザ内に「札幌市図書・情報館」を開設して、創業や資格取得、ビジネス向上や働く人のくらし支援をメインの目的とした施設をオープンさせる予定である。そこで、中央図書館では本などの品ぞろえを考えるために、ICタグを使った利用調査とアンケート調査をおこなった。まず利用調査ではICタグとアンテナシステムを活用することで、来館者に貸出をおこなわない図書の利用状況と利用傾向の把握を試みた。調査期間は前期と後期に分け、前期は15年12月1日から16年1月13日まで、後期は16年1月16日から2月15日とした。対象とした図書は、起業・経営、ビジネス実務、ITトピック、投資、業界動向、資格試験などに関する578冊。前期はいままで図書館が視野に入れてこなかったような本のニーズを測り、後期は統計やデータ類のニーズを測ろうとした。内容に応じて前期309冊、後期269冊に分けて調査した。図書一冊一冊にICタグを貼り付け、手に取られた回数と読まれた時間を計測した。図6と図7はその調査結果を示したものである。前期の飲食店関係の本では、『200万円から始める飲食店開業[13]』や『そばうどん2015[14]』が最も手に取られた。

アンケート調査は"都心の知的空間"を実現するための資料整備に向けて、「仕事やくらしに関する資料」「札幌の魅力発信に関する資料」「文化芸術に関する資料」の需要を把握するためにおこなった。図8は調査結果の概要を示したものである。利用者を事業所と学校、図書館来館者に分けた。「仕事やくらしに関する資料」に関する結果の一部は図9と図10のとおりである。ビジネス実務に関する図書・資料のうち特に充実させてほしいものは、事業所・学校では①ビジネスマナー・仕事術（41%）、②各職業の専門書（39%）に対し、来館者は①思考法・自己啓発（33%）、②人間関係・コミュニケーション（30%）と違いが出た。業界・マーケティン

第1章　日本でのビジネス支援サービス　17

図6　前期の閲覧回数と閲覧時間上位3位　提供：札幌市中央図書館

閲覧回数（上位3分野）	閲覧時間（上位3分野）
①資格試験テキスト ・女性の資格ガイド ・秘書検定　など	**①資格試験テキスト** ・インテリアコーディネーター試験 ・資格ガイド　など
②飲食店の経営やメニュー開発などに関する図書 ・飲食店の開業 ・そばうどん店の経営　など	**②企画・プレゼンテーションに関する図書** ・人を惹きつけるプレゼン ・あがらない話し方　など
③起業・経営に関する図書 ・事業継承や廃業 ・起業に係る法律　など	**③飲食店の経営やメニュー開発などに関する図書** ・繁盛店へのステップ　など

図7　後期の閲覧回数と閲覧時間上位3位　提供：札幌市中央図書館

閲覧回数（上位3分野）	閲覧時間（上位3分野）
①各種データ ・業界動向 ・企業情報　など	**①各種データ** ・業界動向 ・企業情報　など
②投資に関する図書 ・相場サイクル ・資産運用　など	**②投資に関する図書** ・相場サイクル ・損しない投資法　など
③インターネット・コンテンツビジネス ・Webマーケティング ・IT人材白書　など	**③インターネット・コンテンツビジネス** ・Webマーケティング ・IT人材白書

図8　アンケート調査概要　提供：札幌市中央図書館

	図書・情報館半径1.5km以内の事業所・学校	16歳以上の中央図書館来館者
回収数	2,550票配布→494票回収（回収率19%） ・事業所（448か所）：2,515票配布 　→474票回収 ・大学・専門学校（3校）：35票配布 　→20票回収	447票配布→257票回収（回収率58%）
年代	40代 [29%]、30代 [23%]、50代 [20%]、20代 [13%]、60代 [12%]、10代（16～19歳）[2%]、70代以上 [2%]	40代 [25%]、60代 [24%]、50代 [18%]、70代以上 [13%]、30代 [11%]、20代 [9%]、10代（16～19歳）[1%]
性別	男性 [63%]、女性 [37%]	男性 [75%]、女性 [24%]
職業	会社員 [47%]、公務員・団体職員 [23%]、会社経営者・役員 [8%]、契約社員 [5%]、自営業 [4%]、大学・専門学校生 [4%]、パートタイマー [3%]	会社員 [23%]、無職 [27%]、自営業 [9%]、公務員・団体職員 [8%]、パートタイマー [5%]、大学生 [5%]、家事従事者 [4%]、契約社員 [3%]

図9 アンケート調査結果「ビジネス実務に関する図書・資料のうち、特に充実させてほしいものは?」 提供:札幌市中央図書館

事業所・学校	来館者
①ビジネスマナー・仕事術 [41%] ②各職業の専門書 [39%] ③人間関係・コミュニケーション [34%] ＊その他、男性からは「企画・プレゼンテーション」への要望多い	①思考法・自己啓発 [33%] ②人間関係・コミュニケーション [30%] ③ビジネスマナー・仕事術 [27%] ＊その他、男性からは「各職業の専門書」への要望多い

図10 アンケート調査結果「業界・マーケティングに関する図書・資料のうち、特に充実させてほしいものは?」 提供:札幌市中央図書館

事業所・学校	来館者
①企業情報 [41%] ②業界解説・業界動向 [38%] ③各種統計 [24%] ※その他、女性からは「調査会社の報告書」への要望多い	①業界解説・業界動向 [37%] ②企業情報 [31%] ③海外ビジネス情報 [21%] ※その他、男性からは「調査会社の報告書」への要望多い

グに関する図書・資料のうち特に充実させてほしいものは、事業所・学校は①企業情報（41%）、②業界解説・業界動向（38%）で、来館者は①業界解説・業界動向（37%）、②企業情報（31%）となって違いはほとんどない。札幌市図書・情報館の開館準備に携わっている職員は、これらの実測調査とアンケート調査を生かしながら棚の品ぞろえを考えている。

東京都の千代田区立日比谷図書文化館は重点項目として地域情報、アート情報、ビジネス支援を掲げている。ビジネス支援サービスに関しては、来館者が利用できるデータベースを多くそろえ（図11を参照。2017年1月末現在）、利用促進のための無料講座を年に5種、ビジネスパーソンが参加しやすい昼休みの時間帯と夜の1日2回開催している。さらに、町なかにある図書館という枠のなかでは提供しきれない情報にも来館者がアクセスしてほしいと考え、近隣の専門図書館員を招いて、どのような資料があり、どのような調べものができるのかといった専門図書館の活用方法を知るための「専門図

第1章　日本でのビジネス支援サービス　19

図11　オンラインデータベース利用案内　提供：日比谷図書文化館

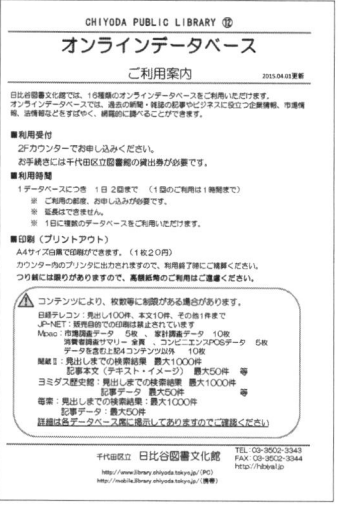

図12　専門図書館への入口講座　提供：日比谷図書文化館

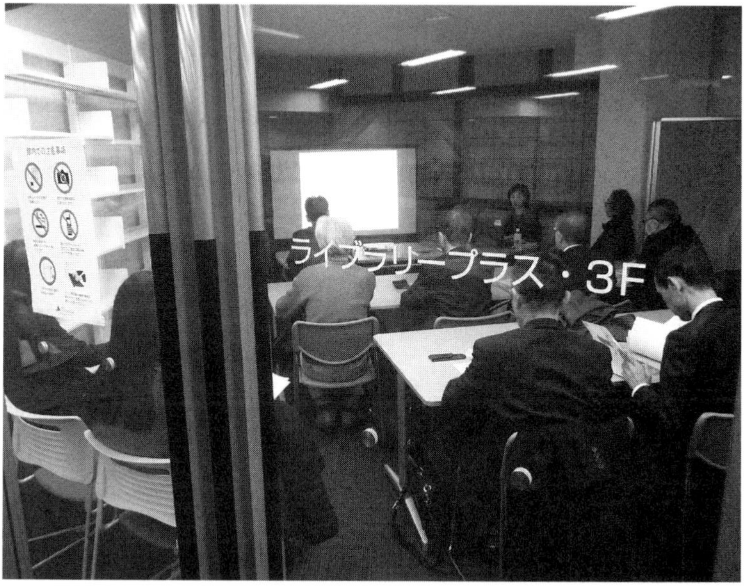

書館への入口講座」を不定期におこなっている。図12は
2016年2月に開催した、ジェトロ・ビジネスライブラリーの
担当者による講座である。

注

【1】「ビジネス支援図書館のできた経緯」(http://www.hituzi.co.jp/
kotoba/20030127ns.html) [アクセス2016年12月4日] を参照。

【2】「ビジネス支援図書館推進協議会」(http://www.business-library.jp/)
[アクセス2016年12月4日] を参照。

【3】常世田良『浦安図書館にできること——図書館アイデンティティ』
(「図書館の現場」第1巻)、勁草書房、2003年、160-172ページ

【4】首相官邸「経済財政運営と構造改革に関する基本方針2003」
(http://www.kantei.go.jp/jp/singi/keizai/kakugi/030627f.html#2-4) [アク
セス2016年12月4日] を参照。

【5】独立行政法人経済産業研究所「アメリカ公共図書館のビジネス支
援」(http://www.rieti.go.jp/jp/events/03071101/info.html) [アクセス
2016年12月4日] を参照。

【6】「コラム1-2-1　ビジネス支援図書館の活動」「中小企業白書2006年
版」(http://www.chusho.meti.go.jp/pamflet/hakusyo/h18/H18_
hakusyo/h18/index.html) [アクセス2016年12月4日] を参照。

【7】文部科学省「これからの図書館像——地域を支える情報拠点をめざ
して」(http://warp.ndl.go.jp/info:ndljp/pid/286794/www.mext.go.jp/b_
menu/houdou/18/04/06032701.htm) [アクセス2016年12月4日] を
参照。

【8】竹内比呂也／豊田高広／平野雅彦『図書館はまちの真ん中——静岡
市立御幸町図書館の挑戦』(「図書館の現場」第6巻)、勁草書房、
2007年

【9】ビジネス支援図書館推進協議会『図書館があなたの仕事をお手伝い。
——図書館員によるビジネス課題への回答事例集』ビジネス支援図
書館推進協議会、2010年

【10】同書62-71ページ

【11】田村俊作研究代表『利用者ニーズに適合した公共図書館サービスモ
デルの構築』平成20年度～平成23年度科学研究費補助金(基盤研
究(B))研究成果報告書、2012年、38-70ページ

【12】田村俊作／小川俊彦編『公共図書館の論点整理』(「図書館の現場」
第7巻)、勁草書房、2008年、35-58ページ

【13】日経レストラン編集『200万円から始める飲食店開業——私たちこ
うしてお店を作りました』日経BP社、2013年

【14】柴田書店編『そばうどん2015』(柴田書店MOOK)、柴田書店、
2015年

第2章

ビジネス支援サービス での専門紙・業界紙

ここからは図書館利用者向けというよりは図書館員向けの話になる。ただ、あまり図書館を使っていない方でも、図書館ではどのように本などを集めているのか、図書館で提供しているサービスの一部を知ることができる。専門紙・業界紙の収集については自身で実際に手に取ってみたいときの指標のひとつになるため、「図書館」を「自分」に置き換えて読んでいただきたい。

2-1　利用される本の限界

　第1章で示したように、図書館でビジネス支援サービスをおこなうにあたってはまず、ビジネス支援コーナーを設けていることが多い。ビジネス支援サービスを展開するにあたっては中核となる本や雑誌がある。調べものに使用する本、ビジネス関係雑誌についての情報はビジネス支援サービスに取り組んでいる図書館で共有されてきた。なかでも本についてはある程度、それぞれの図書館が自館で持つようになってきた。しかし、図書だけでは情報の速報性や内容の深さに限界がある。

　専門的な本の収集については、大阪府立中之島図書館が大阪府域の市町村立図書館に対しておこなったビジネス支援サービスに関するアンケート調査が参考になる。回答結果によると、『会社四季報』（東洋経済新報社）、『帝国データバンク会社年鑑』（帝国データバンク）、『日経市場占有率』（日本経済新聞社）、『会社職員録』（ダイヤモンド社）を多く持っていた[1]。これらの本は次の発行までの期間が長い。『会社四季報』は上場企業の業績予想を中心に所在地や財務情報、株主など、その企業を知るうえで必要な重要な情報を小さくまとめていて、年4回刊行される。『帝国データバンク会社年鑑』は個々の企業について所在地や資本金、従業員数など23項目につい

て記していて年1回の発行である。『日経市場占有率』は世界シェアを含め、主要商品、サービス189品目の市場占有率を日経記者が解説したものであり、年1回だけの発行である。『会社職員録』は全国証券取引所（東京・大阪・名古屋・福岡・札幌・JASDAQ）に上場している会社3,675社を掲載したものである。これも年1回刊行されていたが、2010年11月以降は出されていない。

　他によく利用される本として『業種別審査事典』（金融財政事情研究会）がある。これは金融機関の融資・審査および営業推進に役立つ業種別取引事典である。1,000以上の業界動向、審査や取り引き推進上のポイント、統計などの図表類、関連法規制・制度融資などについて解説している。業界の動向だけではなく、業界団体などの記載もあるので、その業界を大まかに把握するのに役に立つ。しかしながら、この資料の出版はおおよそ4年おきであり、刊行直後は有益ではあるが、発行から3年後には社会状況が変わっていることがある。

　これまで取り上げた具体的な図書はそれぞれの業界の大まかな動向を知るうえで適している。とはいうものの、刊行間隔が長いため、最新の情報を得るには不十分である。ビジネスは常に動いているので、図書に記されている情報は古い可能性がある。「最近のビール市場について知りたい」と質問がきたときに、『日経市場占有率』に記されている情報を示すのでは質問者が満足しない場合がある。テレビの情報番組や報道番組で、ボードに統計などを表示して紹介している場面を見ることがある。その情報の出所が小さく表示されているが、古い刊行日で、違和感を持つことがある。図書には情報の速報性という観点から限界があるのだ。

　次に、情報量にも図書では限界があることがある。先ほど取り上げた図書では特定の業界についての記述はそれぞれ数ページで、一業界の記述はわずかである。業界によっては、

秀和システムから刊行されている田島慶三『最新化学業界の動向とカラクリがよ〜くわかる本——業界人、就職、転職に役立つ情報満載』（〔図解入門業界研究〕、秀和システム、2009年）のように1つの業界についてだけ取り上げた図書もある。これまでの業界の歩み、仕事、関連する法などを解説しているため深く知ることができる。しかし次の版が出るまでに数年の間隔があるために、やはり情報が古い場合がある。

2-2　専門紙・業界紙の重要性

　そこで図書では不十分な情報の速報性と内容の深さという観点から見ると、新聞のなかでも特に専門紙・業界紙が活用できる。

　新聞とは、「①定期的それも日刊もしくはそれに近い頻度での刊行で、②社会一般もしくは経済やスポーツなどの特定事項に関するニュース報道を中心とする、③ブランケット判もしくはタブロイド判のとじられていない印刷物[2]」である。新聞は様々に分類ができ、対象読者や記事内容から分けると、一般紙と専門紙に大別できる。少し長くなるが、以下に『新聞学』に記されている大別を記す。

　　一般紙の特徴は広く大衆を相手にしていることである。したがって、その記事内容も時事的なニュースを中心に森羅万象を対象とする。一般紙は、出来事全般を記事対象とするが、その力点によって3種類に分けられる。まず、第1は、政治・経済・社会を中心に文化スポーツなどを幅広く報道する狭義の意味での一般紙である。これには全国紙の『読売新聞』『朝日新聞』などがある。第2は、特に経済記事を重視した経済紙である。これには『日本経済新聞』や『中部経済新聞』などがある。第3

は、スポーツ・芸能娯楽記事を中心とするスポーツ紙である。『日刊スポーツ』『報知新聞』などがその例だ。以上のような一般紙とは異なり、専門紙は特定の限られた人々を対象とする。したがって、一般に記事内容のテーマも限られる。専門紙の世界は多様であるが、業界紙と特殊紙に大別できよう。業界紙は業界や職業をテーマとする新聞である。これには『日刊工業新聞』『日経産業新聞』『日刊建設工業新聞』『繊研新聞』『化学工業日報』『電波新聞』などがある。特殊紙は、便宜的な名称であり、専門紙のうち、業界紙以外の総称である。これは、さらに機関紙、広報・PR紙、その他に分類できるだろう[3]。

　専門紙・業界紙は図書よりも発行間隔が短く、情報量でも特定の業界に絞られているから多く深く掘り下げてあると考えられ、図書の限界に応えることができる重要なツールである。販売計画や経営戦略を考える際には基本的な統計やデータが必要になる。『日本統計年鑑』（日本統計協会）や各省庁が出す白書は一般的なものであり、誰でもよく使う。しかし、掲載されている情報は網羅的になりがちである。ひとつの業界に絞った情報はなかなかない。さらに、専門紙・業界紙は雑誌と比べてもその業界に特化した統計やデータを入手できる可能性がある。また数字だけではなく、業界の動向を知ることができる。そのうえ、業界で定期的におこなわれている見本市や展示会などの情報も得られる。業界の流行や、どのような製品を開発・販売していくのか、などの傾向がわかる。
　わりと身近な専門紙・業界紙としては、繊研新聞社が日刊で発行している「繊研新聞」がある。これは繊維やファッション業界の動向や統計を掲載している新聞である。商品紹介やイベントのニュース、企業の業績を知ることができ、繊維

やファッション業界で働いている人ならたいてい読んでいる。「読売新聞」や「朝日新聞」などの一般紙、「日本経済新聞」などの経済紙では入手できない情報が掲載されているからだ。このように、専門紙・業界紙は調べものツールとして、ビジネス支援サービスを展開するにあたって最新の情報と多くの情報量を提供できる優れた媒体である。

さて、専門紙・業界紙を示す言葉の使い方は人によって様々である。業界紙、業界新聞と言っている人もあれば、専門紙、専門誌と言っている人もある。本書では用語を統一して専門紙・業界紙とする。

2-3 専門紙・業界紙を 知るための情報源

では、専門紙・業界紙はどれだけあり、何を見ればその新聞の存在を知ることができるのだろうか。実は、専門紙・業界紙について記された資料は限られている。また、その数少ない本を見ても、記述内容にばらつきがある。どのようなものなのかを知る情報が少ないのが問題である。図書館で専門紙・業界紙を新しく置くことを考える場合、何を参考にして図書館員は検討すればいいのだろうか。例を挙げると、長澤雅男と石黒祐子が紹介している逐次刊行物リストには『雑誌新聞総かたろぐ』（メディア・リサーチ・センター）、『日本新聞雑誌便覧』（日本新聞雑誌調査会）、『日本新聞年鑑』（日本新聞協会）、『日本マスコミ総覧』（文化通信社）が示されている[4]。新聞の探索法について書かれた他の資料も、上記の4つを紹介していることがほとんどである。このなかでも特に、『雑誌新聞総かたろぐ』を主題別リストとして役に立つと紹介しているものもある[5]。

『雑誌新聞総かたろぐ』はメディア・リサーチ・センターの

出版である。1978年に79年版として発行してから毎年出ている。国内で発行されている雑誌、新聞などの内容・特徴・特色を調査・収録した年鑑である。収録対象は、雑誌や機関誌、要覧、新聞、通信類など、終刊を予定せず、同一タイトルで号を追って継続的に刊行される定期刊行物である。5年に1回刊のようなものまでを対象に「市販の雑誌や専門誌など約16,000件以上、新聞・通信類約3,000件以上を収録している[6]」。掲載項目はタイトル、創刊年月日、刊期、判型、ページ数、定価、販売方法、刊行発売日、発行社名、読者層または構成比、内容などである。これはどのような専門紙・業界紙があるのか大まかに把握するには参考になるが、『雑誌新聞総かたろぐ』の問題点は2点ある。1点目は、『雑誌新聞総かたろぐ』に掲載されているものですべてが網羅されているのかどうかということである。2点目は、『雑誌新聞総かたろぐ』の掲載項目が、すべての新聞に対してすべてが記載されているわけではないことだ。読者層または構成比については記載がないものがある。内容については記載がないもの、一言で紹介が終わっているものもあれば、細かく書かれているものもあり、取り上げている新聞によって差がある。

このように、『雑誌新聞総かたろぐ』ではある程度の概要を得ることはできるのだが、これだけを参考にして資料選択をおこなうのは不十分である。どれだけ専門紙・業界紙があるのか、どんなものなのかということを知るツールは少ないのが問題である。

2-4　発行元の特徴

専門紙・業界紙を図書館で新たに置くことを考える際に、発行元がどのようなところであるのかは重要である。「読売新聞」のような一般紙や「日本経済新聞」のような経済紙の

新聞社であれば、全国に本社や支社があり従業員が多いことも想像できる。政治部記者、社会部記者、文化部記者のようにそれぞれの部門の記者がいる。子会社が図書なども出版している。

しかしそもそも、初めて名前を見る新聞については何を基準にすればいいのか、何を参考にすればいいのかわからない。新聞を出しているのは新聞社が大半だと想像できるが、その規模はどれくらいだろうか。仮に出版社ではない企業が新聞を出していた場合、広告ばかりで記事が少ない可能性もある。自社製品の宣伝が多いことも考えられる。このように専門紙・業界紙については、どのようなところが発刊しているのか、実績があるのか、定評を受けているのかといった情報はその新聞を選択するうえで重要である。

2-5 図書館としての入手可能性

私たちが普段手に取る「朝日新聞」などの一般紙や「日本経済新聞」などの経済紙は、契約をしていれば自宅のポストに投函されている。これは個別宅配制度といって、新聞販売所を通じて届けられるものだ。この新聞販売所は特定の新聞を取り扱っている。図書館に届けられている「読売新聞」や「日本経済新聞」は、自宅の場合と同様に新聞販売所と契約しているものがほとんどである。新聞の遅配や投函時の汚損・破損があった場合は、図書館から新聞販売所にすぐに電話をして速やかに代わりを持ってきてもらう。他に買う方法としては、駅の売店やコンビニエンスストアがある。業界では「店頭売り」といい、スポーツ新聞は一般紙とは違って店頭売りが多いため、新聞の1面は見られることを意識した作りになっている。さて、専門紙・業界紙はそもそも図書館が入手することができるものだろうか。

ある専門紙・業界紙の内容がよく、発行元についてもある程度わかり信頼できるところだと思い、調べものツールとして、ビジネス支援サービスのために新規に買いたいと考えたとする。次に考えることは図書館が入手することができるのかということである。入手できなければ選定しても意味がない。具体的には入手のルートと購入価格である。

　まず入手ルートについては、発行元が新聞社の場合は一般紙や経済紙と同じように朝や夕方にポストに投函されるのだろうか。新聞社以外の発刊である場合はどうだろうか。出版社や業界団体、出版社以外の企業が新聞を出している場合は、発行元からの郵送になるのか、それとも特定の新聞販売所から来るのだろうか。ある特定業界関係者だけが読める新聞があった場合、業界関係者以外でも購入できるものなのか。無料で配布されている新聞もあるかもしれない。一般紙や経済紙と比べると、入手できるルートがよくわからない。

　次に価格は一般紙や経済紙と比較して高いのか安いのか、同じ程度なのか、が重要である。というのも先に示した全国アンケート[7]や大阪府の図書館のアンケート[8]からわかるとおり、ビジネス支援をおこなっているが本や雑誌、新聞を買うための経費が上積みされないのが現状である。現状の予算内で考えなければならない。専門紙・業界紙を新規に受け入れる場合は、現在購読している新聞の購読を中止して入れ替える可能性がある。このため、一般紙や経済紙よりも年間購読料が極端に高い専門紙・業界紙は図書館では購入が難しい。専門紙・業界紙は限られた人を対象にしているため、想定読者は一般紙や経済紙よりは少ない。そうなると、1部あたりの購入価格は発行母体存続のために高くしなければ難しいのが当然だ。それが年間となると、購入価格は一般紙や経済紙と比べて高くなると想像できる。

注

- 【1】藤原紀恵「大阪府域市町村立図書館における「ビジネス支援サービス」に関するアンケート調査報告——大阪府域市町村立図書館の現状と府立図書館の取り組みについて」、大阪府立中之島図書館／大阪府立中央図書館編「大阪府立図書館紀要」第41号、大阪府立中央図書館、2012年、28ページ
- 【2】図書館情報学ハンドブック編集委員会編『図書館情報学ハンドブック』第2版、丸善、1999年、217ページ
- 【3】稲葉三千男ほか編『新聞学』第3版、日本評論社、1995年、266-267ページ
- 【4】長澤雅男／石黒祐子『レファレンスブックス——選びかた・使いかた』日本図書館協会、2013年、187-206ページ
- 【5】大串夏身／齊藤誠一編『情報サービス論』理想社、2010年、154-155ページ
- 【6】メディア・リサーチ・センター編集『雑誌新聞総かたろぐ2013年版』メディア・リサーチ・センター、2013年
- 【7】前掲『利用者ニーズに適合した公共図書館サービスモデルの構築』
- 【8】前掲「大阪府域市町村立図書館における「ビジネス支援サービス」に関するアンケート調査報告」5-6ページ

第3章

専門紙・業界紙
の概要

3-1 新聞記者・業界団体の著書

　前章の専門紙・業界紙の選択収集における問題に関係する資料としては、新聞記者が記したものや関係団体の発行物がある。そもそも専門紙・業界紙については、西浦義道の『業界新聞』（1980年）に次のようなことが記されている。

　　業界紙・誌が本格的に調査、分析されない理由は、業界紙・誌とそれを生み出している機構が複雑多岐な内面をもっており、外部からは容易にうかがい知ることができないからである。一般の市場調査のように、業界新聞社、雑誌社にアンケートを送り、あるいは複数の関係者にインタビューして集めた資料を集計すれば把握できるような単純なものではない。業界新聞社、雑誌社が外部からのアンケートを受け取ってまともに回答するだろうか。設問内容によっては無視する社が多いだろうし、回答しても事実をそのまま記入するか疑問である。不正確な回答をいくら集計しても業界紙・誌の実態をつかむことができないのは当然である。業界紙・誌の種類、内容、形態、業界新聞社・雑誌社の機構、事業など、どれ一つとってみても多種多様である。それをいちばんよく知っているのは内部にいる者である。それも自分の所属する新聞、雑誌だけで、他の業界のことになるとわからない。業界紙・誌全体について明らかにされない理由はここにある[1]。

　さらに西浦によれば、業界紙・誌には2つの側面があるという。

業界紙・誌には2つのタイプがある。新聞、雑誌として の体裁、新聞社、雑誌社としての機構を整え、その機 能を果たしているもの。一般の全国紙が報道しない業界 情報を広範囲に、詳細に紙・誌面に盛り込み、業者に提 供している。会社は送られてくる業界紙・誌を読み、企 業活動の糧として役立っている。もうひとつのタイプは 健全な報道活動から離れ、新聞としての内容も機構も不 完全で業界に寄生しているものである。両者は日常、新 聞、雑誌の発行を見ていると区別することができるが、 健全なものとみられていても、時には建前をかなぐり捨 てて、"紙の牙"と化すものもある。会社ゴロ、暴露紙、 悪徳業界誌として毎年何件か検挙され、マスコミを騒が す。刑事事件を惹きおこす業界紙・誌は全体からみれば とるに足りない存在であるが、一般の人たちには、業界 紙・誌には大なり小なりそうした性格を持っているよう に受けとる[2]。

西浦は業界紙を次のように捉え、区分している。

①複数の業界を対象とする総合的なもの。②単一の業界 を軸とし、その関連業界も対象にしているもの。この中 には紙面の性格上、不特定多数を購読者にしているもの も含まれる。③多くの業界にまたがる一つの分野を対象 としているもの。また、業界紙は取り扱う業界、分野か ら次のように分類することも可能である。①産業に密着 した業界紙。製造業やそれに附随する業種、たとえば建 築や輸送関係を対象とするもの。②商業に密着した業界 紙。商業、卸、小売、流通、サービス部門を対象とする もの。③専門分野に密着した業界紙。医師、弁護士、 税・計理士など専門職を対象とするもの。④その他の業

界紙[3]。

　日本専門新聞協会創立30周年記念出版委員会編『専門新聞――専門紙の現状と展望』では平野明が、「専門紙は紙面に独自の性格を持ち、対象読者もこれに関心のある人々を中心とする新聞を言う。この専門紙も紙面の性格に応じて機関紙、業界紙、特殊紙などに細分される[4]」と言っている。さらに平野は、専門紙は一般紙とは違った独自の性格を持っているとして「①特定の産業を対象としている②特定の業界関係者を読者とする③業界の利益増進に寄与する④業界の啓発を心がける⑤問題の掘り下げが可能[5]」と述べている。また、平野は、「日本専門新聞協会に加盟する118社（1977年時点）の年代別創刊数は昭和年代が106社、大正年代は9社、明治年代は3社である。昭和年代106社のうち92社は昭和20年以降の創刊となっている。専門紙が、戦後の復興と関係している[6]」と述べている。一方で、戦前の専門紙がどのような経緯で発刊されたのか当時を知る資料は乏しく、調べる手がかりはわずかだと指摘している。

　日経BP社『専門情報要覧』には、山本武利が明治から1989年までの専門新聞についての歴史を記している章があり、歴史を概観することができる。「専門新聞の正確な起源はわからない。明治前期に誕生し、現在も刊行を続けている新聞はみあたらない。ようやく業界横断的な専門紙に「中外物価新報」がみられるくらいである[7]」

　専門紙の起源についてさらに要約すると以下のようになる。「中外物価新報」（現在の「日本経済新聞」の前身）が1876年（明治9年）に三井物産から創刊されたのは、内外の物価や為替などの経済情報を求める読者が少なくなかったからである。一般紙の経済情報だけでは満足できなくなった商工読者は明治維新後、急激に変動する経済や政府の政策に関する情報を

第3章 専門紙・業界紙の概要 35

「中外物価新報」に求めた。78年（明治11年）には週2回刊行、82年（明治15年）には週3回、85年（明治18年）には日刊になった。89年（明治22年）ごろは、日本の企業の勃興期だった。紡績、製紙、造船、海運、保険などその後の日本経済発展を担う有力企業が相次いで誕生した時期である。経済や政治に影響力や発言力を持つ財界が形成されると同時に、各分野で業界といわれるものが出現した。そこから業界情報に特化した新聞の誕生まではタイムラグがあり、日清戦争後の時期だったと思われる。日清戦争から日露戦争に至る明治後期は軽工業部門の産業革命期であり、明治末期から大正初期にかけては重工業部門の産業資本が確立し、業界人を対象とした専門紙も誕生する。たとえば、第一次世界大戦は日本の経済規模をひとまわり大きくさせた。資本主義の発展とともに専門紙の市場規模も拡大する。1915年（大正4年）創刊の「大阪古鉄日報」という鉄鋼業界の小紙が、第一次世界大戦期の鉄鋼ブームに乗って、各分野に横断的に読者を持つ専門紙として成長し、22年（大正11年）に「日刊工業新聞」になった。内務省が27年（昭和2年）におこなった「新聞雑誌及通信社ニ関スル調」（『新聞雑誌社特秘調査』として1979年に復刻）によると長野県には28紙があった。42年（昭和17年）2月には、国家総動員法に基づく新聞事業令によって新聞界の統制団体の日本新聞会がつくられ、新聞統合が強力に促進された。同年11月には一般紙は1,408紙が54紙に統廃合された。経済専門紙も、新聞事業令の対象となった（1県1紙）。42年（昭和17年）10月、「中外商業新報」と「日刊工業新聞」「経済時事新報」が合併して「日本産業経済」という紙名になった。専門紙は当時、7万8,000紙あまりあったといわれる。それが統制策によって105に減った。一業界一紙体制が追い打ちをかけた。終戦とともに戦時経済統制が撤廃され、言論統制の法律が廃止されたことによって、戦時に統合された専門紙が分

離して元の題号で復刊されることが目立った。戦後に創刊され、現在も存続している新聞は46年から55年（昭和21—30年）が262紙と他の時期に比べて多い。石油危機後の脱工業化社会への動きは、コンピューター、エレクトロニクス、ニューメディア関連の専門紙を急増させている。大衆消費社会を支える流通、サービス、レジャー分野の発展は71年（昭和46年）の「日本流通新聞」の創刊にみられるように、新しい専門紙を誕生させている[8]。

　佐野真一は『業界紙諸君!』のなかで12の業界に関係する新聞を取り上げている。取り上げているものは金融、こんにゃく、玩具、ウナギ、宝石・貴金属、書評紙など幅広い。佐野は「業界紙の数だが、せいぜい500紙もあればいい方だろうとタカをくくっていたのだが、なんと3,500紙あまりもの新聞が群雄割拠していることがわかった。発行部数30万部を誇るものから、1,000部たらずながら業界紙ジャーナリズムの伝統を死守すべく細細と発行を続けているものまで、茫然たる広がりをみせているのである[9]」と述べている。

　新聞発行元の特徴は大きく3点ある。1点目は新聞以外の出版物である。先述した西浦の『業界新聞』によると、「トップクラスになると新聞発行、雑誌刊行、書籍・年鑑類の出版、各種事業の開催など事業内容は多角的である[10]」という。『専門情報要覧』での山本の論考でも、「また縮刷版を発行して、関連の業界の読者ばかりではなく、不特定の読者と後世の読者に自紙の情報を活用してもらおうとする専門紙も増えてきた。収集し、紙上に掲載した情報をさらに活用すべく、年鑑や月刊誌、専門書を刊行するところも少なくない。さらに弘済会や一般紙の販売ルートを利用して、業界以外の不特定読者の開拓を図るところも珍しくなくなった[11]」と述べている。出版事業だけではなく、機材展や見本市、セミナー、研究会、講演会などの催し物をおこなっているところ

もある。社会一般向けのものはあるが、業者間の取り引きを目的にしたものが圧倒的に多い。催しのために新聞・雑誌の特集号を出し、出品された機材の解説などをおこなっている【12】。

2点目は従業員数である。西浦によると、「10人くらいの社員をかかえるようになると、業界紙・誌の間では中規模になる。新聞も週刊以上に、月刊雑誌も刊行できる力をもつ。編集、営業の分業化が進む。4頁から8頁、時には数十頁の特集号を出すまでになると記事量、広告量はふえ、専任で当たらなければ処理しきれなくなり、分業せざるをえなくなるわけである。社員50人以上の機構になると、業界新聞社では上位にランクするとみてよい。新聞も日刊で頁数も16頁、32頁建と頁数はふえ、事業内容も豊富になってくるので、編集、営業も各セクションに分かれ、販売、総務など分業が確立される。さらに、記者、営業マンのなかでもそれぞれの担当分野が細分化される【13】」と言う。

3点目は第三種郵便物か否かということである。第三種郵便物とは、日本郵便が承認した新聞や雑誌などの定期刊行物を低廉な料金で送付することができるものである。日本郵便のウェブサイトには第三種郵便物の承認条件が記されている。

（郵便法第22条、郵便法施行規則第6条、内国郵便約款第166条）
1. 毎年4回以上、号を追って定期に発行するものであること。
2. 掲載事項の性質上発行の終期を予定し得ないものであること。
3. 政治、経済、文化その他公共的な事項を報道し、又は論議することを目的とし、あまねく発売されるものであること。
4. 会報、会誌、社報その他団体が発行するもので、その

団体又は団体の構成員の消息、意見の交換等を主たる内容とするものでないこと。

5. 全体の印刷部分に占める広告（法令の規定に基づき掲載されるものを除き、心身障がい者用低料第三種郵便物は、外装に掲載される広告（法令の規定に基づき掲載されるものを除きます。）を含みます。）の割合が5割以下であること。

6. 1回の発行部数が500部以上であること。

7. 1回の発行部数に占める発売部数の割合が8割以上であること。

8. 定価を付していること。　心身障がい者用低料第三種郵便物の料金の適用を受けるためには、第三種郵便物の承認を受けることに加え、心身障がい者団体であること等を証明する次の資料が必要です。

・会則、規約等当該団体への加入資格又は構成員が明らかになる資料。

・公共機関の発行した当該団体が心身障がい者団体であることおよび当該刊行物が心身障がい者の福祉を図ることを目的として発行されるものであることの証明書【14】。

　さらに「第三種郵便物利用の手引き」には「低料第三種郵便物の差出条件」という項目があり、条件のひとつに以下の記載があった。

低料第三種郵便物の差出条件
（1）内容品
次に掲げる定期刊行物を内容とするものに限ります。
ア　毎月3回以上発行する新聞紙1部又は1日分（以下第7において「一般低料第三種」といいます。）
イ　心身障がい者団体が心身障がい者の福祉を図ること

を目的として発行する定期刊行物（体裁は問いません。以下第7において「心身障がい者用低料第三種」といいます。）

※ 内容品に添付することができる物については、低料第三種郵便物以外の第三種郵便物と同様の条件です[15]。

西浦によると「月3回以上発行する新聞は第三種郵便物として郵送料は割安になるから、最初は少なくとも旬刊で発行しなければならない。数回発行して条件さえ整えば認可はおりる[16]」とある。西浦の『フラッシュをたく幇間』は小説ではあるが、以下のようにはじまる。

印刷文化新聞は還暦を迎えた町野庄太郎という親爺さんがたった一人で発行していた。タブロイド判4頁の小さな業界新聞で旬刊がたてまえになっている。旬刊と決めているのは三種郵便物として取り扱ってもらうためだ。実際は月に2回発行するのが精いっぱいで、1回分の広告が足りない。足りない時は印刷所で組置してある前の新聞の発行日付と通し番号、それにトップの見出しだけを適当に変えて何部か校正刷りして郵便局と郵政局に提出する。そうでもしなければ三種郵便物認定が取り消され、普通郵便物として何倍かの郵送料がとられる。親爺さんにすればそれは大きな損失になるから、窮余の一策として考え出した便法なのである[17]。

『専門新聞——専門紙の現状と展望』では日本専門新聞協会入会資格基準が記されていた。

1. 編集および経営が新聞倫理にのっとり対外的に信用があること

2. 専門分野を対象として制作された新聞・通信であること

3. 低料金郵便物の認可を受けて3年以上の実績を有すること

4. 日本国内に本社を有しかつ代表者は日本国籍を有すること

5. 社員10名以上として経営が健全であること

6. 会員社2社以上の推薦があり、うち一社は原則として同業界専門紙であること[18]

入会資格基準の3番目に「低料金郵便物の認可を受けて3年以上の実績を有すること」とある。以上のことから第三種郵便物か否かということは新聞を見極める重要な要素のひとつであると考えることができる。

最後に、本書では専門紙・業界紙と統一したが、「業界紙」「専門紙」などの言葉の使い方である。西浦は次のように述べている。

> わたしは業界紙・誌に多くの知人、友人をもっている。彼らの多くは二十年選手である。業界ではハイテクに属する業界紙・誌で仕事をしている者が多い。だが、決して専門紙・誌とはいわない。現実の業界紙・誌というものは建前と本音との間に隔絶があり、建前どおりにはいっていない。むしろ反対に進んでいることを毎日の仕事を通じて知り尽くしているからである。同一の新聞が人によって、また場所によって業界紙といわれたり、専門紙とよばれたりする。業界紙関係者が事務所や仲間同士では"業界紙"といいながら、公的な場所では"専門紙"といったりする。何の区別の基準もなく使われているのが現状である[19]。

第3章　専門紙・業界紙の概要　41

『専門新聞──専門紙の現状と展望』には加藤寛（慶應義塾大学）、藤井得三（日経連・調査部長）、建部英一（経団連・広報部長）、石井哲弥（日本商工会議所・広報課長）、日本専門新聞協会関係者による座談会の様子が記されていて、用語については以下のやりとりがある。

　加藤：私、ひとつ不思議に思うのですが、専門紙がこれだけ普及している──これだけ多くの会員があるということは非常な普及ですよね──にもかかわらず、私が業界へ行って話をいたします場合、これだけ新聞があるんだから、当然みんなも知っているのじゃないかと思われることが、意外に伝えられていないということが非常に多いのです。この点不思議な気持ちがしてならないんですけど、これは専門紙というものがこれだけあって、なお情報伝達に不十分だということなんでしょうか。いかがでございますか。

　協会：それは非常に難しい問題で、いくつかの要素があると思います。まずひとつはそれぞれの業界によって事情が非常に違うということ、さらにそれを受取る人達の姿勢にも違いがあります。また私たち新聞の側でいえば、数多くの新聞の中で、本来の専門紙の役割を果たしている新聞と、残念ながらそうでない新聞とがあって、それが混同して受けとられているという問題があります。

　私たちがいろいろなところに行きますと、やはりマスコミ界の一人として見られるわけです。われわれの方は"専門紙"という立場で物を見ているのですが、一般マスコミへの発表と専門紙への発表とではものの掘り下げ方が当然違っていますから、例えば、企業がひとつの製品を発表します場合でも記者が取材に行きますと、まず

一般日刊紙に対して発表をして、さらに細かい事柄については業界紙の人に残って欲しいと言われます。しかし、専門紙の中には"業界紙"と言われることを嫌う傾向があるのです。つまりわれわれは"専門紙"なんだという自負を持っているわけです。これはどういうふうなことからくるかと申しますと、いわゆる"業界紙"というのは言葉の上では指導性とか、いろんなことを言いますけど、結局は業界にべったりと密着しているというふうに間違われてる面があるわけです。つまり俗にいうちょうちん記事を書くのが業界紙だといった偏見があるんですね。しかし、実際のところは決してそんなもんじゃありません。飽くまでもいいものはいい、悪いものは悪いということで、批判すべきものは十分にするわけです。ところが、批判は全然しないで、その業界にべったりなんだという見方があって、そのために、専門紙の記事までがすべて信用されないといった傾向がなきにしもあらずなんですね。現実には専門紙の場合、取材対象と読者対象とが特定性にあるということで、批判をしないということは決してないのです。専門紙にもいろいろありますけど、その点はどれも共通で、一般紙の場合と違って取材対象と、読者対象とがはっきりしているわけです。

藤井：それを癒着関係として見てるんですな。

協会：そういうふうな誤解がどうも……。

藤井：専門紙と業界紙との差というのは、その独立性にあるんじゃないですかね。業界べったりでいって、資金から何から全部をその業界におんぶしているのを、"業界紙"と呼び、独立性を持って報道の自由と批判の自由というものを持っているのが、"専門紙"であるというふうな感じじゃないんですか。

協会：現在私どもの協会には、114の専門新聞が入って

いるんですけど、それぞれの業界によって、2紙あると
ころも3紙あるところもありますけど、建設にしても自
動車にしても、その業界の企業で聞かれた場合には知ら
れていないはずはないと思うのです。ですから加藤先生
が言っておられることについて、ちょっと理解に苦しむ
ところがあるんですが……。

加藤：そうですか。私がよく業界で話をしますとき、
「こういうことはもう伝わっているだろうと思う」と言
うと、みんな知らないんですよね。それは不勉強だと言
っちゃえばそれまでなんですけど。恐らく新聞というも
のに対して、（これはあれですけど）非常に広く流布されて
いる一般の新聞だと信じているけど、専門紙というと
―― これは一般紙には区別がつきません業界紙も含めま
してですよ ―― あれは何か言っているけど、本当かどう
かなんていうような感じで聞いているのが多いのでしょ
うか。だから、そのところが私は非常に不思議だなと思
っていまお聞きしたんですが、いま藤井部長さんが独立
性という問題をお出しになったので、「なるほど、そう
かな」と思ったんです。産業界から見ると、こういう専
門紙と業界紙というのはパッと区別されているんですか。

藤井：それがあんまりはっきりしないんです。

協会：私どもからみても、はっきりしていないと思いま
すよ。いわゆる業界紙、専門紙といったものは全国に現
在約3,500ぐらいあるんですが、そのうちこの日本専門
新聞協会に入っておりますのが114社で、各産業分野の
代表紙だけが集まっているわけでございます。発行部数
は問題じゃないといっても、やはり協会に入っている新
聞は、最低でも3万部から5万部は出てます。大きいと
ころだと、30万部ぐらいございます。ところが、われ
われの協会に入っていない新聞は、どうなんでしょうか。

1万部以下ぐらいのところが多いようでして、従業員も4、5人というようなところではないでしょうか。しかも、この方が数の上では圧倒的に多いわけです。そうした新聞の中にはさきほど日経連さんからご指摘ありましたように、いわゆる広告をとるためだけに、耳打ち情報という形で出す新聞もあるんだろうと思います。

　一方で、われわれの協会に入っている新聞の場合は、やはりこれからの産業、われわれの業界はこういくべきだ、ああいくべきだというような正論を吐くことによって、その業界のご意見番になっているものと確信しています。

　われわれから見ると、そういうふうに2つに分離されると思うのですが、利用するほうの側においては、日本の場合その見分けがなかなかうまくいっていないというのが残念ながら実情じゃないかと思います[20]。

『専門新聞——二十一世紀の未来像』には渡辺光雄（日本教育新聞社）、小峰且也（環境新聞社）、渡辺節男（国際農業社）、高垣睦城（日刊建設工業新聞社）、横田増生（輸送経済新聞社）、日本専門新聞協会関係者による座談会の様子が記されていて、業界紙、専門紙については以下のやりとりがある。

　渡辺（節）：非常に高邁ではなく、一般的な話ですが、私どもの社長の持論が、業界紙ではなく専門紙になろうというのがテーマです。そういう考え方で当社もしばらく進むだろう。そうなってくると、専門紙というのは限られたものではなく、周辺も含めた専門紙でないとことが進まなくなっていきます。例えば、教育と建設と環境と何とかつながっているのと同じように、農業も農業だけではいきません。

そういうかたちでのとらえ方、取り上げ方、もっと言うと、ニュースの切り方といったことが、社長の専門紙で行こうという原点はそこにあります。おそらくこの方式は、少なくとも21世紀の初めくらいまでは変わらないのではないかという感じがしています。もっと言うと、広がっていこうという先兵がわれわれであるわけで、そのための情報収集といいますか、世の流れといったものを見落とさずに、どう情報を集めて、それを自分たちの中に取り組んでいくかというのが一つの方針です。そういうことで私どもの分野のオピニオンリーダーとしていけるのではないかというのが基本路線です。

具体的には古い言葉ですが、業際というのが15年くらい前にありましたが、その分野はある意味では浸食しています。従来の農業機械という分野から、そういった分野のところに浸食しています。というのは、かかわりがあるから浸食していかないと、専門紙たりえない、というのが会社の基本的な考え方です。そのような社長の考えのもとに私どもは働いているし、私どもの会社も動いていると思います。基本的にはそういうことで、オピニオンリーダーとしてやっていけるだろうと思っています。

たぶん社長はそのように考えていると思います。（笑）どのような役割を果たしていけばよいと思いますかと言われて、社長に替わって言わなければいけませんが、替わっては言えないですから。（笑）

高垣：さっき教育新聞の渡辺さんのほうからもお話がありましたが、実は私たちも今年2月から紙面を変えようということで、紙面刷新と言っていますが、刷新になっているかどうか分かりませんけどね。先ほど言いましたように、建設業界というのは非常にクローズな面があっ

て、言われっぱなしでものを言わない体質があります。うちは新聞ですから紙面があるのだし、紙面を通して業界のいろいろな意見を反映させようではないかという方針があります。そのための欄を新しく設けました。これは日刊ですから、毎日出しています。そういう面を通じて、業界のクローズ的な体質を少しでもオープンなかたちでものを言う業界にしたいということです。

それから専門紙に共通することだと思いますが、内輪の話を内輪の新聞でやっていても、将来の発展性がないと思います。その辺で第三者といいますか、業界外の人の意見も紙面の中に取り込んでいこうということも考えています。そうは言いましても、やはり専門紙ですから、専門紙としての専門分野について特化したニュースをより掘り下げるということは必要です。そのへんは矛盾した面はありますが、矛盾したものを並行してやっていく必要があるのではないかというのがわれわれの考えです。

いずれにしても専門紙たるためには、専門業界のオピニオンリーダーたるためには、紙面の資質向上ということが当然必要です。そういったことへのアプローチがどの程度できるかというのが、われわれの今後の専門紙として生きるうえでの大きなポイントになってくるのではないかという感じを持っています。

横田：業界紙から専門紙へという一貫したお話で、われわれの新聞も同じように目指しているわけです。専門紙というのはその分野をかなり深く掘り下げて報道することができると同時に、非常にクローズドというか、例えば、読む人間、ニュースを出す人間が三位一体となっています。そういう意味では、どこも似たような制約を感じておられるところかと思います。

例えば年商数千億円のある企業ですが、4年連続赤字

で、5年目も赤字の予算を組んでいる企業があります。昔政府の一部だった企業ですが、それは明らかにおかしいというのは誰の目にも分かります。100億円マイナスの予算を作ったときに、それは当然おかしいと書かなければならないところを、ただ一般紙が飛び出て書くとかなり風当りが強くなる可能性があります。

　そういった閉じられたところでやっていくには、正しいと思うところには従って書いていきたいと思いますが、ある程度制限のあるところで勝負するときには、先ほどお話ししましたが、よいところを取り上げていきたい。ヨイショになればただのPR紙にすぎませんが、よいところを選択するというのはかなり手間のいることだと考えています。

　いいところだけを取っていって、こんなものがあるのではないかというか、こんな可能性もありますという点をすくい上げるよう心がけていくということが、専門紙の中で声となりうるのではないか。われわれの業界にも専門紙は何紙もありますが、その中で当社はいいところを本当にいいと言える、悪いところを悪いとも言いますが、それ以上にいいところをいいとはっきりと判断できる能力を持った専門紙でありたいと思っています[21]。

　このように専門紙・業界紙は、私たちが普段知っている「読売新聞」や「朝日新聞」などの一般紙とはさまざまな点で違いがあると想像できる。「専門紙」と「業界紙」の言葉の使い分けについてはプライドが伝わってくる。しかしながら、普段の生活や仕事で専門紙・業界紙についてはなじみがない方が多いだろう。さらに、引用した文献は古いものが多く最近の文献はなかったため、専門紙・業界紙については、さらに調査する必要がある。

3-2 大阪府立中之島図書館での 専門紙・業界紙の事例

　以上のように専門紙・業界紙は様々であることがわかった。国立国会図書館を除いて、公共図書館のなかで数多くの専門紙・業界紙を集めて置いてあるところは大阪府立中之島図書館と東京都新宿区立角筈図書館である。

　大阪府立中之島図書館では、2002年2月にビジネス支援サービスも意識した利用者アンケートをおこなった。回答者数783のアンケート結果によると、ビジネスでの情報ニーズとして業界新聞が47％あった。必要となる情報内容としては企業情報56％、業界動向56％、統計データ45％、消費者などの変化や市場変化43％となった[22]。大阪府立中之島図書館では、ビジネス支援サービスをおこなうにあたって、特色がある資料群を再編するために新聞室も方針の変更と作業をおこなった。2003年時点で新聞室の専門紙・業界紙は約30紙。ビジネス支援サービスをおこなうための予算がないために寄贈依頼をおこない、08年11月には317紙になった。専門紙・業界紙を受け入れるようになって気づいたのは、掲載される出版情報だという。非売品、特に関係業界の資料情報がわかるという。よく利用される選書ツールでは知る手段がなかったと述べている[23]。新宿区立角筈図書館については第7章の記述を参照してほしい。

3-3 日本専門新聞協会とは

　専門紙・業界紙に関係する業界団体には、日本専門新聞協会と日本新聞協会の2団体がある。それぞれウェブサイトが開設されていて、加盟社を知ることができる。日本専門新聞

協会は、専門紙・業界紙の団体として社会的公益性に基づいてその倫理水準の向上をはかり、新聞の健全な発展をはかることを目的としている。1947年に設立し、2012年に公益社団法人日本専門新聞協会となった。

日本新聞協会は新聞社などが倫理の向上を目指す自主的な組織として1946年に創立し、新聞倫理要綱を定めた。新聞社や通信社だけではなく、紙媒体でない放送局にも加盟しているところがある。2012年に一般社団法人日本新聞協会となった。

「専門紙」と「業界紙」それぞれの言葉の使い分けや協会加入の有無、また、その入会資格や基準は文献やウェブサイトでははっきりわからないため、2013年2月28日に日本専門新聞協会にインタビュー調査をおこない、理事長の大塚一雄（金融タイムス社）、阿部勲（専務理事）、須貝律緒（事務局長）から回答を得た。

「専門紙」と「業界紙」それぞれの言葉の使い分けについては、「世間一般的には「業界紙」と言われるがそのなかには悪徳新聞も多くあったという。日本専門新聞協会としてはきちんと取材をした新聞とごろつき新聞を分けるために「専門紙」と言っている。「業界専門紙」という言葉では長く定着しにくい」と大塚が答えている。

加盟状況については、「明治時代に創刊され現存している新聞はある。しかし、協会には加盟していないことについては、日本専門新聞協会に入っていないから「専門紙」ではないというわけでない。加盟していなくても立派な新聞を作っているものは多くある。加盟をお願いしているが、加盟には審査やお金がかかる。なかなか難しい状況である」という。協会に加盟するための条件については、「会員資格4の第三種郵便物の認可を受けていることは重要である。これは定期的に発刊しているのかの見極めになる。悪徳新聞は定期的に

出すことはない。会員資格5の定期的に発行し、健全な経営であることにもつながる。これとは別に会費が負担になる新聞社もある」と答えている。

インタビュー調査をおこなったときに日本専門新聞協会から資料を入手した。そこには入会規定・会費金額などについて次のように記されていた。

入会資格は6項目ある。

①専門紙（誌）を発行する会社、または団体であること。

②会社または団体の代表者とは、会社にあっては代表取締役、団体にあっては会長または理事長であること。

③日本国内に本社を有し、発行者は日本国籍を有すること。

④第三種郵便物の認可を受けていること。

⑤定期的に発行し、健全な経営者であること。

⑥協会に付随する団体などに加入し、積極的にその事業に協力できる会社または団体であること。

提出書類は6点ある。

①入会申込書（会員2社の推薦を要する）。

②業態表。

③代表取締役、団体にあたっては会長または理事長の履歴書。

④代表取締役、団体にあたっては会長または理事長の住民票。

⑤日刊紙は0.5カ月分、隔日刊行紙は1カ月分、週刊紙は2カ月分、旬刊紙は3カ月分の最近発行の新聞または通信。

⑥その他協会が指定する書類。

会費もある。協会入会金として20万円、通常会費（1カ月）として2万5,000円、負担金（1カ月）として1万1,000円かかる。

過去の規定との大きな違いは「社員10名以上として経営が健全であること」がなくなったことである。そして現在は

発行者の代表が代表取締役、団体は会長または理事長であることが明記されていて、履歴書や住民票を提出させている。

第三種認可郵便物については現在も変わらず要求されている。協会への加入基準が厳しいため加入しているものだけを「専門紙」というには、限定的すぎるといえるのではないだろうか。

3-4　専門紙・業界紙の特徴を知る

以上のように、専門紙・業界紙の概要については少し知ることができた。次に調べものツール、ビジネス支援サービスという観点から、専門紙・業界紙はどのようなものなのか、特徴を知ることが重要である。

まず、新聞そのものの特徴である。レファレンスツール、ビジネス支援サービスという観点に立って外形的特徴を調べたうえで、新聞記事の種類、一般紙や経済紙では見られない専門紙・業界紙の特徴的な記事、広告の種類を検討する。

次に、発行元についてである。新聞の刊行だけではなく、他に発行物はあるのか否かについても調べる。

また、新聞の入手可能性である。現在、図書館でコレクション、一角のコーナーを作るときには紙が中心になる。紙媒体で入手できるかどうかを明らかにすることがコレクション形成に役立つ。一方で入手できないものにはどのようなものがあるのか、データベースや縮刷版などの代替手段についても検討する。第三種郵便物の認可状況も調べ、これは新聞の信頼性と合わせて入手ができるのか否かのひとつの目安になる。

次に、年間購読料を調査し図書館として定期購読できるものなのか考える材料とする。

3-5 候補の洗い出しと
絞り込み

　最初に、広く業界・専門紙と考えられるリストを『雑誌新聞総かたろぐ[24]』「月刊メディア・データ[25]」『専門新聞要覧[26]』『日本マスコミ総覧[27]』『専門情報要覧[28]』『日本の新聞データブック[29]』を参照して作成した。これらの資料は『専門情報要覧』『日本の新聞データブック』を除いて2012年に発刊されたものを使用した。12年を軸にそろえた結果、候補は967紙になった。

　967紙から公共図書館のビジネス支援サービスに関係する業界や業種に絞り、政治団体、宗教団体、労働運動、大学新聞、子ども向け新聞、壁新聞、スポーツ新聞など、ビジネス支援サービスとは直接関係のないものは除外した。一般紙とは性格が違うが「日経産業新聞」「日経MJ」「フジサンケイ ビジネスアイ」「日刊工業新聞」はすべての産業分野を範囲としていて特定の業界に落とし込むことは容易ではないため、社会の認知度がある新聞と判断して今回は除外した。

　この結果、44業種712紙

表1　日本標準産業分類大項目の内訳

産業分類	タイトル数
A 農業、林業	24
B 漁業	5
C 鉱業、採石業、砂利採取業	8
D 建設業	41
E 製造業	136
F 電気・ガス・熱供給・水道業	11
G 情報通信業	19
H 運輸業、郵便業	15
I 卸売業、小売業	46
J 金融業、保険業	13
K 不動産業、物品賃貸業	10
L 学術研究、専門・技術サービス業	10
M 宿泊業、飲食サービス業	9
N 生活関連サービス業、娯楽業	13
O 教育、学習支援業	2
P 医療、福祉	29
R サービス業 (他に分類されないもの)	4
S 公務 (他に分類されるものを除く)	2
T 分類不能の産業	3
合計	400

になった。44業種のカテゴリーは『雑誌新聞総かたろぐ』を参考にした。その後、休刊中のものを除外し2012年時点で存続しているものに絞り、絞り込みの過程でISSN（国際標準逐次刊行物番号）が付与されている雑誌は除いた。

さらに国立国会図書館（東京本館）で閲覧が可能なもの（製本中で資料請求できない新聞は除いた）、新宿区立角筈図書館、早稲田大学図書館、慶應義塾大学図書館で閲覧が可能なものに絞った。これは実際に紙面を手に取れるものを調査対象とするためである。この結果、調査対象は400紙になり、このうち国立国会図書館で閲覧可能なものは380紙だった。本書巻末の「資料　専門紙・業界紙400紙リスト」は今回の調査対象の専門紙・業界紙であり、筆者が手に取って調査したものである。『雑誌新聞総かたろぐ』のカテゴリーのままでは業種・業界の区分が細かすぎるため、業界としての特徴は見えにくいと考えた。そこで日本標準産業分類（2007年11月改定、14年3月31日まで）[30]を使用した。日本標準産業分類とは、日本の各種統計における産業分類を定めたものである。本書では19大項目に振り分けた（表1を参照）。製造業が136紙で多かった。

注

【1】 西浦義道『業界新聞——その作り手と受け手』現代ジャーナリズム出版会、1980年、10-11ページ
【2】 同書12ページ
【3】 同書34-36ページ
【4】 日本専門新聞協会創立30周年記念出版委員会編『専門新聞——専門紙の現状と展望』日本専門新聞協会創立30周年記念出版委員会、1977年、45ページ
【5】 同書47-49ページ
【6】 同書49ページ
【7】『専門情報要覧』日経BP社、1989年、54ページ
【8】 同書54-58ページ

【9】 佐野真一『業界紙諸君!』中央公論社、1987年、10ページ

【10】 前掲『業界新聞』59ページ

【11】 前掲『専門情報要覧』59ページ

【12】 前掲『業界新聞』69-70ページ

【13】 同書73ページ

【14】 日本郵便「第三種郵便物 承認条件について」(http://www.post. japanpost.jp/service/standard/three_four/syounin.html)［アクセス2016年12月4日］を参照。

【15】 日本郵便「第三種郵便物利用の手引き 平成26年4月」(http://www. post.japanpost.jp/service/standard/three_four/tebiki.pdf)［アクセス2016年12月4日］を参照。

【16】 前掲『業界新聞』60ページ

【17】 西浦義道『フラッシュをたく幇間――業界紙物語』西浦義道、1966年、1ページ

【18】 前掲『専門新聞――専門紙の現状と展望』68ページ

【19】 前掲『業界新聞』42-43ページ

【20】 前掲『専門新聞――専門紙の現状と展望』117-119ページ

【21】 日本専門新聞協会編『専門新聞――二十一世紀の未来像』日本専門新聞協会、1997年、82-83ページ

【22】 「ビジネス情報のワンストップ窓口をめざして」、高度映像情報センター編『ビジネス支援図書館の展開と課題――いま、ライブラリアンに求められるしごと力とは』所収、高度映像情報センター、2006年、55-61ページ

【23】 藤井兼芳／前野貞子「ビジネス支援開始から5年 業界新聞を中心とした新聞室の現状」、大阪府立中之島図書館／大阪府立中央図書館編「大阪府立図書館紀要」第38号、大阪府立中央図書館、2009年、43-61ページ

【24】 メディア・リサーチ・センター編集『雑誌新聞総かたろぐ 2012年版』メディア・リサーチ・センター、2012年、1238-1467ページ

【25】 メディア・リサーチ・センター編集「月刊メディア・データ」2012年2月号、メディア・リサーチ・センター、28-268ページ

【26】 日本専門新聞協会編『専門新聞要覧 2013年版』日本専門新聞協会、2012年、23-113ページ

【27】 文化通信社編集『日本マスコミ総覧 2011年-2012年版』文化通信社、2012年、142-197ページ

【28】 『専門情報要覧』日経BP社、1989年、75-87ページ

【29】 戸田覚編著『日本の新聞データブック――活用自在』(Kou business)、こう書房、1998年、54-227ページ

【30】 総務省「日本標準産業分類（平成19年11月改定）（平成26年3月31日まで)」(http://www.soumu.go.jp/toukei_toukatsu/index/seido/sangyo/19index.htm)［アクセス2013年8月1日］を参照。

第4章

専門紙・業界紙の
特徴を知る

4-1　外形的な特徴を知る

「読売新聞」や「日本経済新聞」などの一般紙や経済紙と比べ、専門紙・業界紙は創刊年、サイズ、発行頻度、ページ数が多様である。まずは、専門紙・業界紙全体としてどのような特徴があるのかを知る必要がある。

①創刊年

　専門紙・業界紙は創刊されやすいが、一方で廃刊や休刊があり、一般紙や経済紙と比べて短命の可能性がある。創刊してから長く存続しているものは一定の読者がいると考えることができ、資料選択のときに参考になる。

　また、専門紙・業界紙は業界の盛衰に左右される。先の『専門情報要覧』での山本の論考は1989年時点でのものであり、以後の状況、特に2000年以降については文献がなかったため創刊年を取り上げる。

②サイズ

　普段私たちが手に取る新聞はブランケット判といい、1面は406×545ミリである。「夕刊フジ」などの1面の大きさはタブロイド判であり、1面の大きさは273×408ミリ（273×406ミリもある）である。専門紙・業界紙はこのどちらかに入るのか、それともサイズが違うものがあるのか、図書館で収集後の保存を考える際の検討項目のひとつとなる。

③発行頻度

　一般紙や経済紙は毎日読むことができる日刊紙である。専門紙・業界紙も同様に日刊が多いのか、それとも日刊以外もあるのかは、資料選択時の検討項目になりうる。業界によっ

て特徴があるのか、掲載される情報についても統計やデータばかりなのか、解説の有無など特徴がある。

④ページ数

「朝日新聞」の朝刊1日平均ページ数は42.8ページ、同様に「毎日新聞」は29ページ、「読売新聞」は39.2ページである[1]。このように一般紙でも差はある。専門紙・業界紙のページ数は一般紙よりも少ないのか多いのか、それともときどきにページ数のばらつきがあるのか、毎号固定なのかは新聞の特徴を知るうえで重要である。

　創刊年、サイズ、発行頻度、ページ数を知るために、ひとつの資料だけではすべてを網羅することはできないので、『雑誌新聞総かたろぐ』「月刊メディア・データ」『専門新聞要覧』『日本マスコミ総覧』など複数の資料を参照する。

『雑誌新聞総かたろぐ』では創刊年、発行形態、判型、平均ページ数、最大ページ数がわかる。「月刊メディア・データ」では創刊年、発行形態、判型、おおよそのページ数がわかる。『専門新聞要覧』では創刊年、発行形態、判型がわかる。『日本マスコミ総覧』では創刊年、発行形態、平均ページ数、判型がわかる。

4-2　内容の特徴を知る

　専門紙・業界紙の特徴を知るためには紙面の内容を知る必要がある。どのような記事があるのか、一般紙や経済紙とは違った特徴的な記事があるのか、どのような種類の広告があるのか、一般紙や経済紙のように紙面構成があるのか、といった情報を把握することが必要である。

①記事の種類

　やみくもに記事を見るだけでは結果の整理が容易ではない。項目を設けて記事の種類を把握することが必要だと考えた。項目を作るために『事例で読むビジネス情報の探し方ガイド[2]』を中心に、他館のレファレンス事例（質問回答）集とウェブサイトで公開されているパスファインダー（調べ方案内リスト）を利用する。

　レファレンス事例は、利用者の具体的な情報要求がわかる。現在では国立国会図書館の「レファレンス協同データベース」や都道府県立図書館のウェブサイトで事例集が蓄積され公開されている。『事例で読むビジネス情報の探し方ガイド』は東京都立中央図書館のレファレンスの事例を取り上げながら、ビジネス情報の探し方のポイント、情報収集に役立つ資料の解説をしたものである。東京都立中央図書館では2003年6月に社会学室にビジネス情報コーナーを設け、サービスを開始している。表2は東京都立中央図書館での質問総数896件（採録期間2003年6月―05年3月）を8つのグループに分けている。企業・団体情報（245件）、市場・業界情報（238件）、統計・データ（137件）、経営・ビジネス一般（124件）が多い。『事例で読むビジネス情報の探し方ガイド』は05年の出版から時間がたっているため、このまま項目を採用するのではなく他館の事例集も見る。

　レファレンス事例（質問回答）集のなかでも、国立国会図書館「レファレンス協同データベース」は2005年12月に一般公開され、12年12月にデータ総数10万件を超えた。質問回答事例データ

表2　東京都立中央図書館の
レファレンス事例の分類と件数

項目	件数
企業・団体情報	245
市場・業界情報	238
統計・データ	137
経営・ビジネス一般	124
法令・行政情報	61
技術・製品情報	55
起業・就職情報	19
人物情報	17
合計	896

（出典：図書館経営支援協議会編『事例で読むビジネス情報の探し方ガイド――東京都立中央図書館の実践から』日本図書館協会、2005年、243ページ）

は国会図書館、公共図書館、大学図書館、学校図書館、専門図書館まで館種の幅も広く、日本国内のレファレンス事例が蓄積されていて、項目を作るために重要である。

2013年8月1日現在、検索対象を全館、内容種別をビジネスと入力して検索した結果280件ヒットした[3]。質問内容の多い分野は業界動向（64件）、統計（45件）、法律（28件）、データ（27件）、会社（27件）、経営（20件）の順番である。しかし、事例を登録している図書館は大阪府立中央図書館（117件）、新潟市立中央図書館（74件）、大阪府立中之島図書館（54件）、鳥取県立図書館（17件）、秋田県立図書館（16件）、上田情報ライブラリー（1件）、宮崎県立図書館（1件）などに偏っていることがわかり、これでは調査項目作りとして不十分である。そこで、ビジネス支援をおこなっている図書館のウェブサイトに公開しているパスファインダーを調査することによって項目の精度を上げる。

パスファインダーはこれまでのレファレンス（質問回答）の蓄積が形になっているものや能動的レファレンスサービスであり、情報ニーズを知るひとつの手がかりになる。ビジネス支援をおこなっている図書館を知るために『図書館があなたの仕事をお手伝い。』の巻末の図書館一覧を利用する[4]。ビジネス支援サービスを実施中の205館のウェブサイトを閲覧しパスファインダーを調査した。

その結果、県立19館、市立19館、区立1館となり、町立と村立は公開されていなかった。表3は公開されているパスファインダーと件数である。企業（21件）、法律・法令（19件）、統計（15件）、業界・市場（13件）の順番になった。その他が多いのはテーマが貿易実務、土地の価格など個別具体的なものが入っているためである。これまでの結果をまとめたものが表4である。重複している項目は市場・業界動向、企業・会社・団体情報、統計・データ、法律・法令である。レ

ファレンス事例では件数が少なかったが、起業についてはビジネス支援サービスのひとつの大きな柱である。人物と経営については件数としては多くないが、定番の質問内容である。都立図書館での事例が圧倒的に多かった技術・製品については、専門紙・業界紙では紙面が多く割かれている。東京都立中央図書館の事例や国立国会図書館「レファレンス協同データベース」、公開しているパスファインダーの項目から表5の8つの項目を設け、新聞記事を見ていくことにする。

表5は、それぞれの新聞を手に取ったときに内容の分類に使う8つの項目である。法律・特許は法律の解説や法改正の動向、判例、裁判だけではなく、特許や知的財産に関わる内容も含める。会社経営は特定用語解説や書類の書き方、人事や労務など一般的なものも含める。起業・就職・資格は起業の仕方や求人情報、

表3 公開されているパスファインダーと件数

項目	件数
企業	21
法律・法令	19
統計	15
業界・市場	13
人物	11
規格・特許	10
就職・資格	10
起業	9
白書	6
その他	63
合計	177

表4 都立の事例、レファレンス事例、パスファインダーをあわせたもの

都立中央図書館のレファレンス	件数	国立国会図書館レファレンス協同データベース	件数	公開されているパスファインダー	件数
企業・団体情報	245	業界動向	64	企業	21
市場・業界情報	238	統計	45	法律・法令	19
統計・データ	137	法律	28	統計	15
経営・ビジネス一般	124	データ	27	業界・市場	13
法令・行政情報	61	会社	27	人物	11
技術・製品情報	55	経営	20	規格・特許	10
起業・就職情報	19			就職・資格	10
人物情報	17			起業	9
				白書	6
				その他	63

表5 紙面調査項目

項目	件数
企業・団体	特定の企業や団体
業界・市場	業界や市場の動向
統計・データ	誌面に掲載されている表
法律・特許	法律の解説、法改正の動向、判例、裁判、特許、知的財産
会社経営	特定用語の解説、書類の書き方、人事や労務
人物	人事、人物紹介、経歴紹介、インタビュー記事
技術・製品・商品	新技術の紹介、新商品の紹介
起業・就職・資格	起業の仕方、求人情報、資格、専門学校

資格に関する情報だけではなく、専門学校に関する情報も含める。この8つの項目から紙面を見て、記事の大きさに関係なく調査対象範囲に該当するものにはその項目に対してリストに○印をつけた。一般紙や経済紙とは違い先述の8つの項目で紙面を見た結果、その新聞オリジナルのコンテンツや頻出度合いが高い記事はリストに「新聞原紙の主な内容」として記載する。新聞の紙面分析では縮刷版を使い、記事面積を出して割合を算出することが一般的である。しかし、専門紙・業界紙はページ数にばらつきがあり刊行頻度も様々であるため、従来のような分析手法では特徴がわからない。そのため、この方法はとらなかった。

　本書では、実際に新聞記事を手に取って調査したが、2012年4月1日を基準日とした。これは、調査時期（2013年）に調査対象のものがまだ発行されていないことがあり入手が不可能だからだ。また、その前年の11年は東日本大震災があり、記事内容も震災関連のものが中心になっていて従来の記事とは違うからでもある。

　発刊頻度によって、調査の対象期間を次のように設定した。日刊は1カ月分、週3回は2カ月分、週2回は3カ月分、週刊

は3カ月分、旬刊は3カ月分、月2回は4カ月分、月刊は1年分、隔月は1年分とした。刊行間隔が長くなるにつれて、対象期間を長くした。月刊については、年間で取り上げられるテーマが計画されている場合があると想定し1年分とした。これは新聞記事の内容を分析するとき、日刊については1カ月分を調査対象にしている場合が多いからである。

　本書では製品広告、企業広告、意見広告、イベント広告、出版情報など、広告の種類を限った（表6を参照）。製品広告とは、企業や団体などが自社の商品の情報を紹介しているもので、企業広告とは、自社の理念や社風を伝えるものである。意見広告とは、各種法人や官公庁・機関・企業・個人などの広告主が、社会問題・政治問題・法律などについて自己の意見や主張を表明し、世論を形成することを目的としたものである。またイベント広告とは、展示会、見本市などの案内をしているものである。出版情報は本や雑誌、年鑑などの出版物の紹介をしているものであり、大阪府立中之島図書館の事例を参考にした。この5点の項目から紙面を見てひとつでも該当するものにはリストに○印をつけている。（後述のとおり、意見広告は本調査対象にはひとつもなかったので、リストには項目なし。）

②紙面構成の見出しの有無
　一般紙や経済紙はすべてのページをめくらなくても知りたい情報がすぐ探せるよう、ニュースをジャンルごとに分けて掲載している。たとえば、政治面、国際面、経済面などがあり、それぞれの紙面の上に小さく記されている。専門紙・業界紙も、一般

表6　広告の項目と内容

項目	件数
製品広告	自社の商品情報
企業広告	自社の理念や社風を伝えるもの
意見広告	自己の意見や主張を表明したもの
イベント広告	展示会、見本市などの案内
出版情報	本、雑誌、年鑑などの出版物の紹介

紙や経済紙のように紙面の上端にジャンルが記されているのか調べる必要がある。それによって、探したい情報にすぐにたどり着くことができる。

4-3 形態の特徴を知る

①創刊年

　現存する最古の専門紙・業界紙は1899年に創刊された「関西文具時報」（関西文具時報社）である。表7は10年ごとに区切った年代別の専門紙・業界紙の創刊数である。太平洋戦争前年の1940年までに創刊され現存しているものは40紙で、41年から50年の10年間は71紙ある。45年に太平洋戦争が終わり、46年以降に多くの専門紙・

表8　1990年以後の産業分類別新聞タイトル数

産業分類	タイトル数
A 農業、林業	0
B 漁業	1
C 鉱業、採石業、砂利採取業	0
D 建設業	4
E 製造業	6
F 電気・ガス・熱供給・水道業	0
G 情報通信業	4
H 運輸業、郵便業	0
I 卸売業、小売業	3
J 金融業、保険業	0
K 不動産業、物品賃貸業	1
L 学術研究、専門・技術サービス業	0
M 宿泊業、飲食サービス業	3
N 生活関連サービス業、娯楽業	4
O 教育、学習支援業	0
P 医療、福祉	4
R サービス業（他に分類されないもの）	0
S 公務（他に分類されるものを除く）	0
T 分類不能の産業	1
合計	31

表7　年代別の専門紙・業界紙創刊数

年代	タイトル数
〜1900年	2
1901年〜1910年	4
1911年〜1920年	4
1921年〜1930年	21
1931年〜1940年	9
1941年〜1950年	71
1951年〜1960年	90
1961年〜1970年	91
1971年〜1980年	45
1981年〜1990年	34
1991年〜2000年	16
2001年〜2010年	11
2011年〜	2
合計	400

業界紙が創刊された。46年は14紙、47年は8紙、48年は16紙、49年は13紙、50年は13紙である。

　表8は1990年以後に創刊された新聞を産業分類別に示したもので、合計31紙になった。多かったのは製造業が5紙、建設業、情報通信業、生活関連サービス業、娯楽業、医療、福祉がそれぞれ4紙である。その内訳は、製造業が「半導体産業新聞」「印刷ジャーナル」「アイスクリーム流通新聞」「アグリゲイト」「HJ（ヘルスフードジャーナル）健康食品新聞」「ゴム産業ニュース」で、情報通信業は「インテリアビジネスニュース」「JAFNA通信」「東京IT新聞」「日本ネット経済新聞」である。情報通信業については時代を反映したものがあるのではないだろうか。2000年以降に創刊された新聞は16紙あった。そのうち10年以降に創刊されたものは、「Japan Medicine MONTHLY」（2010年）、「日本ネット経済新聞」（2011年）、「生活用品タイムズ」（2011年）である。

②サイズ

　400紙のうち「読売新聞」などの一般紙サイズのブランケット判は175紙、「夕刊フジ」などのタブロイド判は206紙である。これ以外に、A3は6紙、A4は4紙、B4も4紙、B5サイズは5紙で、サイズは様々である（表9を参照）。

③発行頻度

　日刊から年2回までと幅広い。いちばん多いのは週刊の117紙、次に月刊と旬刊（10日ごとに刊行）が72紙、月2回刊が56紙である。日刊は34紙だった。しかし、日刊としながらも建設関係の新聞は1面に「日・月・祝日休刊」「土日祝日休刊」「日・月・祝翌日休刊」などの表記があるものもある。表10は日刊、週刊、月刊について産業分類別発行頻度タイトル数を示したものである。日刊は建設業に集中してい

て（16紙）、週刊は製造業（39紙）と卸売業・小売業（19紙）が多い。月刊は製造業（32紙）に集中している。建設業は日刊が多い一方で、週刊と月刊は極端に少ない。卸売業と小売業は日刊はないが、週刊が多い。

④ページ数

　ページ数が固定されているものは159紙である。そのうち、2ページのものは4紙（「紙之新聞」「土地改良新聞」「信用金庫新聞」「東京借地借家人新聞」）である。

　4ページのものは48紙で、ページ数が少ない新聞は全体の13％である。ページ数が固定されているものでページ数がい

表9 サイズの内訳

サイズ	数
A3	6
A4	4
B4	4
B5	5
ブランケット	175
タブロイド	206
合計	400

表10 産業分類別発行頻度タイトル数

産業分類	日刊	週刊	月刊
A 農業、林業	2	6	2
B 漁業	2	1	0
C 鉱業、採石業、砂利採取業	1	4	0
D 建設業	16	2	2
E 製造業	5	39	32
F 電気・ガス・熱供給・水道業	2	4	1
G 情報通信業	1	9	2
H 運輸業、郵便業	2	8	0
I 卸売業、小売業	0	19	7
J 金融業、保険業	2	4	1
K 不動産業、物品賃貸業	0	5	3
L 学術研究、専門・技術サービス業	1	3	4
M 宿泊業、飲食サービス業	0	1	2
N 生活関連サービス業、娯楽業	0	2	6
O 教育、学習支援業	0	2	0
P 医療、福祉	0	7	8
R サービス業（他に分類されないもの）	0	0	1
S 公務（他に分類されるものを除く）	0	0	1
T 分類不能の産業	0	1	0
合計	34	117	72

ちばん多いのは月刊の「日本文具新聞」の50ページである。刊行ごとにページ数の増減があるもので最大のページ数は月刊の「日本パン菓子新聞」（70—120ページ）と週刊の「映像新聞」（24—120ページ）である。日刊でページ数が多いのは「みなと新聞」（8—24ページ）、「特許ニュース」（12—76ページ）である。

⑤記事の種類

　表11は記事の種類の件数をまとめたもので、企業・団体が記されている新聞は399紙である。2番目に多い項目は業界・市場で340紙、3番目に多い項目は人物で283紙で人物情報を得ることができる。4番目は技術・製品・商品の項目で、248紙で情報を得ることができる。特徴的なのは法律・特許、会社経営、起業・就職・資格の項目が少ないことである。

　3番目に掲載が多い人物情報については、経営者のインタビュー記事だけではなく人事異動の情報が詳細に記されていた。「日本経済新聞」でも、省庁の人事や一般企業の人事を掲載していることがある。専門紙・業界紙では役所人事や一般企業の人事情報が紙面1面にぎっしり記されていることが多い。たとえば「長崎建設新聞」では九州地方整備局の人事異動、「金融タイムス」では金融庁人事、「電波タイムス」では総務省人事が記されている。一般企業についても詳しい経歴が書かれていることがある。仕事上の取り引きがある会社の人事情報は気になるものである。新しい部長がそこの会社の生え抜きなのか、他社から来たのかがわかり、初めて聞くような部署の部長の名前を見て新しくそこの事業に力を入れ

表11　新聞記事の種類件数

項目	タイトル数
企業・団体	399
業界・市場	340
統計・データ	205
法律・特許	39
会社経営	50
人物	283
技術・製品・商品	248
起業・就職・資格	35

ようとしているのか否か、左遷先なのかが想像できる。

4番目の技術・製品・商の項目については、これから流行しそうなもの、業界として話題にしたいものが予想できる。たとえば「アイスクリーム流通新聞」や「菓子飴新聞」などの製造業では、各メーカーが季節に応じて作る新商品を店頭に並ぶ前に紹介している。飲食の新商品情報を細かく見ることでテレビで話題になる前に流行を知ることができ、ビジネスに生かすことができる。

⑥特徴的な記事

社説を掲載している専門紙・業界紙は33紙で、全体の8%である。これは特定業界に集中しているわけではなくばらばらだった。私たちになじみがある「朝日新聞」や「読売新聞」の社説は、政治や社会に対する疑問や問題提起などひとつのテーマを取り上げた、新聞社のスタンスがわかりやすいものである。しかし、専門紙・業界紙でいう社説は、一般紙とは違い、その特定業界に対しての課題を取り上げている。社説は一般的に発行元の立場や意見を示すものである。

1900年に創刊された「日本文具新聞」は年間で特集内容が決まっている。日本の文具・事務用品の紹介ページが多いが、1面は地域の祭りや関係団体、各社の企画・行事について写真付きで紹介している。出版業界紙の「新文化」以外にも、「日本商業新聞」と「金融経済新聞」は週刊のベストセラーや本の紹介を取り上げている。「理楽TIMES」と「ヘアーサロンジャーナル」は業界団体がおこなったコンテストについて取り上げ、優勝者の氏名や講評を掲載している。

⑦広告の種類

広告がない新聞は6紙だった。製品広告は329紙にあり、企業広告は352紙、出版情報は116紙、イベント広告は35紙

だった。また意見広告はひとつもなかった。出版情報は「教育医事新聞」で平均20冊ほどの出版広告が掲載され、出版社も多様だった。一方、「週刊医学界新聞」は最終面を全面広告とし、自社の出版物を掲載している。自社の新聞縮刷版の広告を出しているのは19社だった。

⑧紙面構成表示の有無

45紙に紙面の見出しがあった。表12は産業分類別に示したものである。建設業がいちばん多く（10紙）、たとえば、「建設技術新聞」では1面は特集、2・3面は建築・土木技術情報、4面は技術フラッシュ、5面は設備・機械情報、6面は設資材情報、7面は新技術・新製品、8面以降は技術企画特集である。2番目に多かったのは製造業だった（9紙）。たとえば「パンニュース」では、1面は業界のホットな話題を中心に業界のいまを伝える、2面は業界関連のニュースを密着レポート、3面は機械や材料の新しい動きをフォロー、4面は「キラリ輝くベーカリー」、5面は話題の店の魅力に迫る、6・7面はパンの生産量、1世帯の支出金額データ、8・9面はアメリカやヨーロッパ、アジアなどの

表12 産業分類別面構成表示

産業分類	タイトル数
A 農業、林業	3
B 漁業	0
C 鉱業、採石業、砂利採取業	1
D 建設業	10
E 製造業	9
F 電気・ガス・水道業・熱供給	3
G 情報通信業	2
H 運輸業、郵便業	3
I 卸売業、小売業	3
J 金融業、保険業	2
K 不動産業、物品賃貸業	1
L 学術研究、専門・技術サービス業	0
M 宿泊業、飲食サービス業	1
N 生活関連サービス業、娯楽業	2
O 教育、学習支援業	0
P 医療、福祉	2
R サービス業 (他に分類されないもの)	2
S 公務 (他に分類されるものを除く)	0
T 分類不能の産業	1
合計	45

海外情報、10面から13面は全国の講習会のレポートや詳細なレシピ掲載、14面から16面は全国の講演会をレポート、業界動向を掲載、17面はパン・菓子の新製品をきめ細かに網羅、18面は新開発の機械・素材を紹介、19面は講習会や講演会など催し物のお知らせコーナー、20面はヒント商品発見だった。

このような紙面構成や見出しがあると、探している情報にたどりつきやすくなる。

4-4 業界ごとの特徴
（日本標準産業分類順）

①農業・林業

24紙のうち、太平洋戦争前（1941年）に創刊され現存している新聞は「林経新聞」（1914年）、「林材新聞」（1921年）、「日本農業新聞」（1928年）、「農機新聞」（1933年）だった。農業関係ではTPP（環太平洋戦略的経済連携協定）に関連した記事以外に農政、農協、農業界の動きだけではなく新商品紹介と市況や取扱価格などが記されている。林業関係の新聞は、相場指標や林野関係の人事異動、業界短信として企業の動向を記している。

「日本農業新聞」では1面に天気予報を掲載している。紙面の後ろのほうにはテレビ番組欄がある。2012年4月1日付の3面にある論説の見出しに「震災支援と国家「1袋」の善意が伝わる」とあったり、それぞれの地域の市況では「大阪市場はもちあい。新年度の売り出しが入っているレタス、ブロッコリーは強もちあい」（5面）、読書面ではTPPの漫画について取り上げ、「日本の将来を左右する環太平洋連携協定（TPP）問題に対して、漫画分野からも反対の"議論"が飛び出した」と紹介している。

「農経新聞」では2012年4月2日号3面には4月の見通しとして、いろいろな輸入野菜の動きが取り上げられている。たとえば、オクラは「長期的に相場安定」とあり、「フィリピン産が順調に入荷する。気温の上昇と共に需要が伸びると思われる。市場価格は1袋（100グラム）当たりが、50円前後の見通し。オクラでも国産の出回りが遅れており、量販店からの引き合いは強い。国内産の状況によっては6月頃まで入荷するかも」とある。4月16日号1面には「2011年度・主要青果卸の取扱高」の一覧表があり、たとえば東京荏原青果では「野菜が前年比96、果実が前年比95、小田原中央青果では、野菜が前年比94、果実は前年比85」ということがわかる。

②漁業

　5紙のうち戦前に創刊されたものはなく、最も古いものは「みなと新聞」（1946年）である。漁業関係の新聞は漁業生産額や養魚旬刊市況などの市況がわかる。「日刊水産経済新聞」では産地漁況や各社の経営、各社の自慢の新商品だけではなく、各都道府県の水産物放射性物質検査結果を掲載している。

　2012年4月2日付「みなと新聞」3面では水産庁人事に紙面の半分も割かれている。2月の加工水産製品POS売れ筋品目ランキングの表が掲載されていて、1位はマルヨ水産の「マルヨ浜育ち100g」だった。31日の産地水揚げ市況の欄では「長崎マアジ3300箱」と文字が大きく、「マアジは、長崎に3,350箱を水揚げ。その他は目立った水揚げなし」とある。4月3日付では、1面の中段の見出しに「スズキに続きマダラ、ヒガンフグも水揚げ自粛3魚種に　JFみやぎ東電と賠償協議開始」とある。この記事の途中には、「ヒガンフグは先月27日に仙台湾南部海域の浅海部で漁獲された魚から1キロあたり96ベクレルが検出され、4月1日以降に100ベクレルを超

える可能性もあるとして同海域のヒガンフグを水揚げ自粛する」とあった。

2012年4月2日付「日刊水産経済新聞」では、1面に「漁業就業者3.4％減の17万7,870人」と大きく見出しがあった。2面は機構改革・人事異動として水産庁や関係団体、関連企業のものがびっしりと記されていた。その隣には各都道府県の水産物放射性物質検査結果（3月30日午前6時現在発表分）があり、たとえば、岩手県の釜石市沖で3月26日に採取（3月29日公表）したスケトウダラは「ヨウ素-131は不検出（0.44未満）、セシウム-134は1.6 、セシウム-137は2.0」であることがわかる。他の面では「築地移転の予算成立　都議会民主が賛成に回る」という見出しがあり、東京都の築地市場移転のことが記されていた。この記事には、「民主党は築地市場移転後のまちづくりで都と中央区が合意したことや、移転に反対していた築地市場の関係者が都との協議に応じる姿勢に転じたため、移転を受け入れた」とある。

③鉱業・採石業・砂利採取業

8紙のうち、戦前に創刊されたものは「日刊油業報知新聞」（1931年）だけである。この分野の新聞では、人事異動や非鉄金属工業製品統計速報、鉱業生産・出荷・在庫状況がわかる。

2012年4月2日付「日刊油業報知新聞」の1面には「燃料油販売1870万kl　7.3％増加」という見出しで、資源エネルギー庁が2月の石油精製品需給概要をまとめたことについて記事にしている。他の面では東京工業品取引所の石油先物取引価格の表があり、3月29日16時のものと3月30日12時30分のものが分かれて記載されていて、たとえばガソリンは3月29日では「5月限始値77,130 、高値77,160 、安値76,520 、現在値76,830」とあり、30日では「5月限始値76,730 、高値

76,740、安値75,850、現在値76,060」と記されていた。4月4日付には社説の見出しに「コスト転嫁で収益確保を」という見出しがあった。他には各社入社式として各企業の代表の言葉が紹介されている。昭和シェル石油会長・香藤繁常は冒頭「今まさに当社はトランスフォーメーション（変革）の真っただなかにある。コアビジネスである石油事業に加え、電力事業も手掛け、太陽光事業では日本のトップにとどまらず、グローバルリーダーになることを目指す」とある。

2012年4月15日付「日本砕石新聞」の1面には、「需要量は4億5,600万トン」という見出しで経済産業省が2008年度骨材需要推計をまとめた記事と、これまでの骨材需給の推移について触れている。6面には「平成20年砕石業の業務状況報告書」として、表とともに災害発生件数について書かれている。災害発生別に見ると「採取場における災害では、土地の崩壊・流出（転落石を含む）が9件と最も多く、災害全体に占める割合の約4割となった」。6月15日付では「（社）日本砕石協会　21年度労働災害動向」という見出しの記事があり、「①死亡が7人（20年度は6人）②永久労働不能者が0人（同0人）③永久一部労働不能が0人（同0人）④休業4日以上が40人（同45人）⑤1休業4日未満が18人（同17人）」とある。

④建設業

41紙のうち「日刊建設工業新聞」（1928年）だけが戦前に創刊されている。「建通新聞」は東京版、神奈川版、静岡版、中部版、大阪版、岡山版、香川版、徳島版、高知版、愛媛版を発刊している。民間建築ニュース、入札情報、受注ファイル、総合ニュースがコンテンツとして掲載されている。建設業界の新聞は入札に関する情報は必ず掲載されている。関連して地域の動向も記されている。

2012年4月2日付「日刊建設工業新聞」は2面に人事情報

を掲載していて、大林組は本社、東京本店、大阪本店、京都支店、神戸支店、名古屋支店、九州支店、広島支店、四国支店について掲載している。他の面では「新規案件は187件（予算総額221億円）都財務局、12年度工事発注予定」という見出しがあり、東京都財務局が工事発注予定を発表した記事がある。5面には全国落札ファイルという項目があり、たとえば東京都財務局では「都立板橋看護専門学校（23）改築空調設備工事①菱和設備・大三島工業JV②2億6,900万円（3億3,668万円）③低入札調査実施後決定」とあり、①は落札業者、②は落札金額（予定価格）、③は備考である。4月3日付の4面には「新入社員に贈る社長のメッセージ」があり、各社の社長の氏名と顔写真、メッセージがまとめられている。たとえば、清水建設・宮本洋一社長は「頭で考えることに加え、心でも考え、腹を据えて行動する。人が相手である以上、相手の立場や気持ちを頭だけではなく、心でも考え、判断することが求められる。現場に足を運び、現実的にも考えてほしい。考え、見聞きする両方が経験、ノウハウになる。自分で考えれば、完成したときの喜びも倍増する。創造性あふれる仕事がやりがいにつながっていく」と述べている。10面には「西日本高速道路会社12年度発注見通し」がびっしり記されている。

2012年4月2日付「建設新聞」1面には「環境省18日まで申請書類受付　日量600tのプラントを設計施工で建設　相馬市・新地町の仮設焼却炉建築」という見出しがあった。「成契ベスト50」は県別であり、岩手県の2月のランキングでは1位が7億3,800万円で戸田建設・テラ特定共同企業体が遠野市総合食育センター新築工事を受注したことがわかる。12面には東北経済産業局が3月30日に発表した東北6県での11年の工場立地調査を発表した記事がある。「移転立地が43件で5割近くを占め、過去最高を記録」とある。

⑤製造業

　136紙のうち戦前に創刊されたものは19紙で、いちばん古いものは「帝飲食糧新聞」（1901年）だった。2000年以降に創刊したものは「アイスクリーム流通新聞」（2001年）、「HJ（ヘルスフードジャーナル）健康食品新聞」（2002年）、「アグリゲイト」（2002年）、「ゴム産業ニュース」（2009年）だった。会社情報や展示会や見本市などの情報も記されていることが多い。

　2012年4月2日付「化学工業日報」の社説の見出しは「10年を経過したPRTR制度の課題」とあり、化学物質排出把握管理促進法のPRTR（化学物質排出・移動登録制度）が始まって10年たったことについて書かれている。8面は医療・ライフ＆コンシューマーで、「オバマケア基づき発行」という見出しがあり、「バイオシミラー（バイオ後続品）を開発している日本企業が米食品医薬品局（FDA）の規制を最終案にまとめる作業に参画できる機会を持ちたいと考えるかもしれない」とある。4月3日付の6面は市況の記事で、「2012年2月の主要石化製品輸出実績」や「主要科学品相場」がある。前者についてはエチレンの輸出量は4万9,798トン、後者については硫酸（工業用）の鉛価格は21.2—22.0（キロ当たり円）、ローリーの場合の価格は24.3—25.1（キロ当たり円）であることがわかる。4月19日付の9面には「シート商材20％増強」という見出しで、マンダムが汗などを拭き取るシート商材の国内生産能力を増強した記事がある。

　2012年4月4日付「帝飲食糧新聞」の3面には「11年のパスタ30万tに迫る勢い」と見出しがあるが、一方で「単純には喜べない背景」ともある。記事を読み進めると「国内生産が伸びたのは東日本大震災による特需や値上げ前の仮需が発生したためで、輸入量の増加は円高で廉価なパスタがまた大量に入ってきている」とある。10面には「チェーンストア

11年度歳暮商戦結果を探る」とあり、チェーンストア9社の結果が表にまとめられている。イオンリテール、イトーヨーカ堂、ユニーは、前年実績だけではなく計画対比でもプラスになったことがわかる。14面にはニッカウヰスキーの「ニッカ竹鶴17年ピュアモルト」が、ウイスキーの国際的コンテストで世界最高賞の認定となった記事がある。隣の15面はアサヒ飲料が17日からバンホーテンアイスココアを全国発売するという記事があり、「バンホーテンココアを100％使用。さらに、バニラフレーバーとミルクでココアパウダーのコクと香りを引き立てた、すっきりしながらも贅沢な味わいのアイス専用ココア」とある。12年4月11日付13面には「開設」と見出しで、「ネスレ日本は、霞ヶ浦工場（茨城県稲敷市）事業所に保育園ねすれっこはうすを4月2日に開設。有能な人材の採用と女性のキャリア継続や男性の育児参加を促進し、社員が長く働ける環境を整える」とある。14面には「プロテニスプレイヤーの錦織選手と所属契約締結」と題して、日清食品ホールディングスがプロテニスプレイヤー錦織圭選手と結ぶスポンサー契約を所属契約に切り替える記事があった。

⑥電気・ガス・水道業・熱供給
　11紙のうち戦前に創刊されたものは「電気新聞」（1907年）、「電気日日新聞」（1923年）、「電気産業新聞」（1925年）である。原子力関係は原子力発電所の運転実績や海外の動向を知ることができ、電気関係は電力需要や人事異動、メーカー受注推移などがわかる。ガス関係は主要各社のガス販売量、人事、新商品紹介を知ることができ、水道関係は人事異動、下水道管路敷設状況などがわかる。
　2012年4月8日付「電気産業新聞」の1面の見出しには「原発再稼働で新基準策定　原子力発電に関する四大臣会

合」とあり、原子力発電所が再稼働する際に判断する新基準を正式決定した記事がある。3面には「海外原子力市場へ日本企業の進出続く」とあり、東芝系はアメリカ、三菱重工はフィンランド、日立はリトアニアで動いていることがわかる。東芝系については冒頭こんな記述になっている。「米国スキャナ電力の子会社であるサウスカロライナ・エレクトリック＆ガスカンパニー（SCE&G）は、同社のバージル・C・サマー原子力発電所（VCサマー）2、3号機として東芝グループのウェスチングハウス社（WEC）による新型加圧水型原子炉（AP1000）を建設するための建設運転一括許可（COL）を米国原子力規制委員会（NRC）が承認したと発表したことを、東芝が31日伝えた」。4面には「駅施設への初の有機EL照明　パナソニックが東急自由が丘駅に納入　大量のLED照明なども」と題して、パナソニック・エコソリューションズ社が有機EL照明などを自由が丘駅に納入した記事があり、駅全体で電力量を25％削減でき、年間131トンのCO_2削減を目指しているとある。

　2012年4月11日付「日本下水道新聞」1面には「地震・津波対策を重点化」という見出しで、12年度（平成24年度）政府予算案が成立したことを取り上げ、下水道関係事業予算額は5,000億円程度になる見込みではないか、ということがわかる。その隣には水制度改革議員連盟代表の中川秀直氏が水循環基本法案についてインタビューに答えている記事があり、「水は国民共有の貴重な財産であり、大切に維持管理し使っていくべきだと考えています。それが水循環基本法案第3条2項に明記している基本理念です」と述べている。4月25日付の4面以降には「平成24年度全国水道事業計画」があり、たとえば、沖縄県の那覇市では「建設事業費725百万円」、名護市では「建設事業費569百万円」などの情報がわかるだけではなく設計の動向や重点項目も記されている。

⑦情報通信業

19紙のうち「帝国タイムス」（1906年）だけが戦前に創刊された。2000年以降に創刊されたものは「東京IT新聞」（2006年）、「日本ネット経済新聞」（2011年）で、これらからは業界動向や会社人事だけではなく総務省の動き、海外の動向なども知ることができる。

2012年4月5日付「帝国タイムス」6面には「話題の倒産を追う」と題してエルピーダメモリについて取り上げている。リード文章は以下のようである。「2月27日、エルピーダメモリが会社更生法の適用を申請、負債は製造業で過去最大を記録した。申請日の数日前、3月開催予定の臨時株主総会における付帯決議案で優先株の償還請求に備えた減資および発行可能株式拡大に伴う定款の一部変更を発表したばかりだけに、この申請は多くの関係者を驚かせた。改正産業活力再生法の第1号案件である。"国策企業"の倒産に、経済産業省の責任も指摘されるなど話題はつきない」。4月15日付の1面には「インドネシア進出企業の実態調査」として、帝国データバンクがインドネシアに進出している日本企業について業種別・規模別・都道府県別に分析している記事がある。この下段には「震災関連倒産」の欄があり、読み進めると「建設業が118件で突出して多い。以下、機械・金属製造57件、旅館・ホテル48件、アパレル38件」とある。

2012年4月2日付「映像新聞」1面には「mmbi NOTTV開局 世界初のモバイルスマートTV」と題して、「V-Highマルチメディア放送（通称＝モバキャス）の委託放送事業者であるmmbiは1日、スマートフォン向け放送局NOTTV（ノッティーヴィー）を開設した。NOTTVは、世界初のモバイルスマートTVともとらえることができるサービス」とある。17面には「環境表現に高度な技術導入」という、ドリームワー

クスの3DCGアニメ映画『長ぐつをはいたネコ』の立体映像など技術についてVFXスーパーバイザーを務めたケン・ビーレンバーグ氏をインタビューした記事があり、重要視したのは目の動きだったという。また、毛の動きについても大幅に改善したとある。23日付の16面には「JVAがビデオソフト関連調査」と題して、日本映像ソフト協会（JVA）が2011年のビデオソフトの市場動向とユーザー動向に関する調査結果を公表した記事があり、「11年の市場規模は前年比94.6％となる5,021億円」とある。隣には図表があり、年間購入枚数や金額が落ちていることがわかる。

⑧運輸業、郵便業

　15紙のうち「交通毎日新聞」（1924年）、「運輸新聞」（1927年7月）は戦前に創刊された。ブランケット判が11紙、タブロイド判が4紙で、発行頻度は日刊と週2回が2紙、週3回が1紙で、月刊はなかった。企業動向だけではなく、国土交通省の人事や政策を知ることができる。

　「日本海事新聞」2012年4月4日付の1面には「川崎重工　中国造船DACOSに34％出資」とあり、川崎重工が中国造船企業の大連中遠造船工業有限公司に出資することが書かれている。翌日の5日付の3面には「本四航路　存続を　旅客船協会　国交省に要望」と題して、日本旅客協会が国土交通省に対して、本州四国連絡高速道路に並行するフェリー・旅客船航路の維持と存続が可能な支援策構築を求める要望をおこなった記事がある。記事によるとこの要望書には「2014年度から予定されている本四高速道路料金の大幅な値下げが実施される際に並行航路の支援が行われなければ、航路の廃止・減船・減便などせざるを得ない」とある。隣には「全日本空輸　貨物本部を改編」という、全日本空輸が組織改正で貨物本部を貨物事業室に改称した記事があった。

「交通毎日新聞」2012年4月2日付の3面には、「低すぎるタクシー乗務員の賃金」として表などを入れながら現状についての記事がある。記事のなかには「一般産業の昨年における年間就労時間は2,184時間で時間当たり賃金は2,412円。タクシーは2,316時間で時間当たりはほぼ半額の1,257円」とある。

⑨卸売業、小売業

　46紙のうち「関西文具時報」（1899年）、「日本文具新聞」（1900年）、「日本商業新聞」（1923年）、「食糧経済」（1925年）、「醸造報知」（1925年）、「家電流通新聞」（1930年）、「食料新聞」（1934年）は戦前に創刊された。タブロイド判が26紙、ブランケット判18紙、「酒販ニュース」がA4サイズ、「日本文具新聞」はB4サイズである。日刊の新聞はなかった。
「家電流通新聞」2012年4月23日付2面には「3月売上、1社除いて2桁減で推移　量販店5社」として、大手家電量販店の12年3月のPOS売り上げベースでの商品売り上げ高前年比（速報値）を公表した記事がある。「エディオンでは、POS売上ベース（受注）の全店前年比74.55％、直営店前年比74.73％となった」。5月28日付4面には「カーAVC機器のみが大幅に増加　4月民生用電子機器国内出荷」と題して、4月度の民生用電子機器国内出荷実績の記事がある。「前年同月比57.8％の1,287億円と9カ月連続でマイナスとなった。分野別にみると、映像機器は同38.1％の693億円と9カ月連続マイナス、音声機器は同73.8％の106億円と16カ月連続マイナス、カーAVC機器のみが同192.7％の479億円と5カ月連続プラスとなった」とある。7月23日付の5面には「タニタ食堂とコラボのヘルシオ」という、シャープがタニタ食堂のメニューを搭載してスマートフォンと連携したヘルシオの新製品を8月3日に発売する記事がある。

「通販新聞」2012年4月5日付1面には「ファンケル、新CMを開始」とあり、ブランドミューズ（イメージモデル）として吉田美和を起用した記事になっている。記事のなかには「吉田美和さんを起用したファンケルの新CMに対する各社の反応」があり、「そうきた、という感じですね。ナチュラルで本質的なイメージがある。ただ、もっと振り切ると思ったが"らしさ"を最後まですてなかったなと。（振り切らなかったというのは）女優の方を使わなかったところ」や「ミューズ（イメージモデル）を使うことで、新たなコンセプトが正しく伝わるか。知名度の高い方を使うことでやはり脳に残る。「ファンケル＝吉田美和さん」にはなると思うが、どうしてもキャラクターに引っ張られてしまう部分もある」、他には「インパクトはある。ただ、「共感」と「憧れ」は違う部分がある。「安心・安全」で差別化が難しくなった際に「美しくなれる（素肌純化）」という価値を打ち出した」などそれぞれの反応が記載されている。4月12日付の2面には社説があり、「行政はトクホ再浮上の道開け」という見出しで、「特定保健用食品（トクホ）市場の先細りに歯止めがかからない」から記事は始まっている。

⑩金融業、保険業

13紙のうち戦前に創刊されたのは「ニッキン」（1924年）、「インシュアランス生保版」（1928年）、「インシュアランス損保版」（1928年）で、ブランケット判が7紙、タブロイド判が4紙、「インシュアランス生保版」と「インシュアランス損保版」はB5サイズである。日刊は「日本証券新聞」と「株式新聞」だけである。

2012年4月2日付の「日本証券新聞」2面には「ポーラ・オルビス最高値に躍進　化粧品業界の"勝ち組"」とあり、「ポーラ・オルビスホールディングス（4927）が約半年ぶりに

最高値を更新。上値視界が一気に広がった」と記事が始まっている。4月10日付の1面には「公的マネーの動向に警戒　GPIF（公的年金）2兆6,000億円売却の可能性」とあり、記事の冒頭は以下のようになっている。「相場が急落すると「公的年金によるPKO（株価維持活動）の買いが入る」などと市場でささやかれたのも、もう随分と昔の話となった。2月以降の投資主体別動向で、信託銀行が最大の売り方となっているように、すでにGPIF（年金積立金管理運用独立行政法人）が恒常的な売りセクターと化していることは周知のとおりだ。今年度も、国内株式を含む保有資産圧縮継承が指摘されるGPIFを中心に、日銀や銀行など保有株式取得機構（BSPC）を交えた"公的マネー"の投資行動について整理してみたい」

　2012年4月6日付の「ニッキン」10面は「本紙調査12年度の採用実績1万4,000人台を回復」とあり、読み進めると前年度実績を上回るのは2008年9月のリーマン・ショック以降で初めてであることがわかる。隣には13年度採用見込み数のコース別と学歴別の表がある。11面には「12年度主要金融機関の新卒採用」として表にびっしり数字が記されている。5月11日付8面には「関心高まる退職給付制度」として、信用金庫で退職給付制度への関心が高まっている記事がある。「適格退職年金廃止や確定拠出年金（DC）移行に伴う決算への影響を注視」と。5月18日13面には「契約書作成をシステム化」という見出しで、「オービックが提供する契約諸作成支援システムの導入が地域金融機関で広がっている。融資業務に関する契約書や請求資料を契約内容に応じて個別に自動で作成、抽出することで、行職員の負担を大幅に軽減できるのが特徴」とある。

⑪不動産業、物品賃貸業
　10紙のうち戦前に創刊されたものはなく、すべて戦後に

創刊されている。「住宅新報」(1948年) が最も古く、タブロイド判が7紙、ブランケット判が3紙である。日刊はなく、週刊は5紙、旬刊は「マンション管理新聞」だけ、月刊は3紙、年4回は「東京賃貸住宅新聞」である。この業界では企業動向だけではなく、不動産情報、裁判判例を知ることができる。

「住宅新報」2012年4月3日付3面には「空室率、最高値を更新」という見出しがあり、大阪ビルディング協会が大阪市内のオフィスビル市場動向調査をおこなった記事がある。「地区別で見ると、大型物件で上昇したのは御堂筋沿東西部地区で12ポイント、新大阪地区で3ポイントそれぞれ上昇。その他の地区は改善、もしくは横ばいで推移した」とある。9面には「アトラクターズ・ラボ賃貸市場の狙い目」として地下鉄都営新宿線の菊川駅が取り上げられている。記事によると「25㎡タイプの新築賃料は9万2,000円。1年前と比べた賃料はほぼ変わっておらず、平均空室率は3.8％改善。市場規模は大きく、順調な市況となっている」とある。

⑫学術研究、専門・技術サービス業

10紙のうち戦前に創刊されたものはなく、すべて戦後に創刊されている。「科学新聞」(1946年) が最も古く、タブロイド判が8紙、ブランケット判が「科学新聞」だけ、B5サイズは「特許ニュース」だけである。日刊は「特許ニュース」だけで、週刊は3紙、旬刊は2紙、月刊は4紙である。

「特許ニュース」は業界動向だけではなく、模倣品対策や著作権判例紹介、人事異動を知ることができる。「税理士新聞」は税理士事務所訴訟時代の生き残り術、会計事務所のための広報・PRお役立ちコーナー、意外と知らないカタカナ語、税界スクランブルなど幅広い情報を知ることができる。「納税通信」2012年4月30日号の1面には「金融機関の勧め

で…為替デリバティブ中小企業の損害が続出」という見出し
で、「平成16年度以降に中小企業が金融機関に勧められて契
約したデリバティブの残存契約数は4万500件（平成22年9月
30日時点、金融庁調べ）」とある。5面には「税をめぐる事件ダ
イジェスト」とあり、「岐阜・各務原市は、市の職員が140
万円の公金を着服したとして、都市戦略部税務課の主査を4
月23日付で懲戒免職処分にしたと発表した。この職員は、
2010年10月から今年3月までのあいだに、滞納者が窓口で
10万円ずつ納めていた固定資産税・都市計画税を14回にわ
たり着服していたという」とある。12面には「デヴィ夫人
また敗訴！無知が招いたダブルの税金」という見出しがある。
この記事の冒頭には「元インドネシア大統領夫人でタレント
のデヴィ・スカルノさん（デヴィ夫人）が「海外の自宅売却に
あたって二重課税された」として国税当局を相手取り起こし
ていた裁判（3176号）の高裁判決がこのほど下された」とあ
る。

⑬宿泊業、飲食サービス業
　9紙のうち戦前に創刊されたものはなく、すべて戦後に創
刊されていて、「観光経済新聞」（1950年）が最も古い。一方
で「国際ホテル旅館」は2000年に創刊され、最も新しい新
聞である。タブロイド判が6紙、ブランケット判が3紙だっ
た。日刊はなく、週刊は「観光経済新聞」だけで、旬刊は
「日本外食新聞」「旬刊旅行新聞」、月2回は3紙、月刊は2紙、
季刊は1紙だけである。
　「観光経済新聞」2012年4月7日付の1面には「観光立国基
本計画を閣議決定　震災復興にも貢献」という見出しで、政
府が2012年度から5カ年を対象期間とした「観光立国推進基
本計画」を閣議決定した記事がある。3面には「国際観光産
業振興推進シンポ開催“カジノ効果”を議論」という見出し

で、「カジノを含む複合商業施設（IR=統合型リゾート）の効果をアピールするイベントが3月31日、東京・台場のヴィーナスフォートで開かれた」と記されている。6面には「松山市ポンジュースの蛇口設置　駅舎に新スポット」という見出しで、「愛媛県の松山市でポンジュース蛇口モニュメントが松山城駅舎3階ロープウエー乗り場前に設置された」との記事がある。

⑭生活関連サービス業、娯楽業

　13紙のうち戦前に創刊されたものはなく、すべて戦後に創刊されている。「カメラタイムズ」（1947年）が最も古い。2000年以降に創刊されたものは「月刊Diet & Beauty」（2003年）、「伝統文化新聞」（2006年）、「WWD BEAUTY（ウィメンズ・ウエア・デイリー・ジャパンビューティ）」（2007年）である。12紙はタブロイド判で、「ヘアーサロンジャーナル」がブランケット判である。日刊はなく、週刊は2紙、旬刊は3紙である。「週刊玩具通信」2012年4月9日付6面には「新製品発売スケジュール」が掲載されている。4月26日付では「リカちゃんお花いっぱいセット」がタカラトミーから1,050円で発売されることがわかる。4月23日付の3面には「タカラトミー東京学芸大学と共同研究　リカちゃん遊びの効果を検証」という見出しで記事がある。記事を読み進めると「仮説を立て、次の段階で調査、検証していく方式。その仮説とは自己認識・他者認識能力の獲得（＝自分の心の存在に気づき、他者を認識する）、他者との関係性構築能力・社会性の獲得（＝友達と仲良く遊び、知らない子とも仲良くできる）、なりたい自分像・将来像の獲得」とある。5月21日付2面には「バンダイナムコグループ決算発表」として、5月8日にバンダイナムコグループが2012年3月期決算発表したのを受けたセグメント別業績が記されている。

第4章　専門紙・業界紙の特徴を知る　　85

⑮教育・学習支援業

　この産業分類に該当するのは「教育学術新聞」と「日本教育新聞」だけである。両方とも戦後に創刊され、サイズはブランケット判で、週刊である。「日本教育新聞」2012年4月2日付の1面には「月2回まで土曜授業」という見出しがある。記事の冒頭には「福岡県教委は、本年度から公立小・中学校で土曜日に正規の授業を実施できるようにする基本方針をまとめ、県内市町村教委に通知した。月2回までおこなうことを認める。実施するかどうかは各市町村教委とそれぞれの学校が判断する」。4月9日付の1面には「部活・授業で民間人活用拡大　国研調べ調整役の教員に負担感」という見出しで、「中学校の部活動指導や授業での民間人活用が17年間で大きく進んだものの、調整役を担う教員の負担は十分には減らなかった」とある。

⑯医療、福祉

　29紙のうち戦前に創刊されたものはなく、すべて戦後に創刊されている。「薬事日報」（1943年）が最も古い。タブロイド判は20紙、ブランケット判が4紙、A3サイズとA4サイズはそれぞれ2紙、B4サイズが1紙あった。日刊の新聞はなかった。「薬事日報」は週3回刊だった。週刊は7紙だった。「医理産業新聞」は医療用具の保険適用について、承認速報、規制・制度改革情報、新刊紹介、業界短信を知ることができる。2012年4月4日付「薬事日報」の2面には「電子お薬手帳で実証実験　薬局起点の連携体制整備へ」と見出しがあり、「上田薬剤師会と北海道薬科大学は共同で、スマートフォンアプリを利用した電子お薬手帳の活用に関する研究を実施する」とある。7面には製薬企業各社の入社式について記事がある。アステラス製薬の畑中好彦社長は、「製薬企業が生命

関連企業として、一層高い倫理観に裏打ちされた行動を求められているとし、「誠実であること」、「すべては患者さんのために」の2つを大事にしてほしい」と述べている。

⑰サービス業（他に分類されないもの）

　4紙のうち戦前に創刊されたものはなく、すべて戦後に創刊されている。「経済産業新報」（1946年）が最も古く、3紙はブランケット判である。日刊や週刊の新聞はなく、「経済産業新報」は隔週、「セキュリティ産業新聞」と「洗車給油所新聞」は月2回、「全東京新聞」は月刊である。「洗車給油所新聞」の2面は洗車・関連市場版、3面は給油所経営版、4面は洗車場経営版となっている。2012年4月10日付3面には「8割が空気圧と燃費の関係を意識」という見出しがあり、日本自動車タイヤ協会の調査結果についての記事がある。「空気圧減少の弊害を尋ねると80.5％が「燃費が悪くなる」と回答し、多くがタイヤの空気圧とエコドライブの関連性を認識。一方で空気圧の点検については、月1回以上行っていない割合が64.4％に達した」とある。

⑱公務

　「R&I（REGISTRATION AND INSPECTION）」「自家用車新聞」の2紙だけだが、両者とも戦後に創刊されている。「R&I」はタブロイド判の月刊、「自家用車新聞」はタブロイド判の旬刊である。「自家用車新聞」は事故と裁判、安全運転講習、交通安全ニュースがわかる。「R&I」2012年4月15日付1面には「中間とりまとめ公表　ご当地ナンバー拡充に対応」という見出しがあり、「自動車のナンバープレートの今後のあり方について懇談会を設置して議論を進めていた国土交通省は3月26日、懇談会の中間とりまとめを公表した」とある。2面には「平成24年1月末の自動車保有車両数

79,340,280台」という見出しで、「登録車は4,810万6,499台」とあった。

⑲分類不能の産業

「環境市場新聞」「環境新聞」「東商新聞」だけだが、いずれも戦後に創刊されている。「環境市場新聞」は2005年に創刊である。「環境市場新聞」「環境新聞」はブランケット判、「東商新聞」はタブロイド判である。日刊はなく、「環境市場新聞」は季刊、「環境新聞」は週刊、「東商新聞」は月2回である。「環境市場新聞」は環境政策最前線、環境問題を読み解くことばが掲載されている。「環境新聞」はニュースフラッシュ、環境省の人事異動、環境に関係する図書の紹介がある。4月18日付5面には「環境に配慮し地中熱普及へ」という見出しで、環境省が「地中熱利用にあたってのガイドライン」を公表したことについての記事になっている。「地下水をくみ上げないクローズドループ方式や地下水をくみ上げて熱利用するオープンループ方式についてそれぞれ配慮するべき事項」を簡易に紹介している。

注

【1】 日本新聞協会編集『日本新聞年鑑2013』日本新聞協会、2012年、451ページ
【2】 図書館経営支援協議会編『事例で読むビジネス情報の探し方ガイド 東京都立中央図書館の実践から』日本図書館協会、2005年
【3】 国立国会図書館「レファレンス協同データベース」(http://crd.ndl.go.jp/reference/)［アクセス2013年8月1日］
【4】 前掲『図書館があなたの仕事をお手伝い。』96-101ページ

第5章

新聞発行元
の特徴

5-1 専門紙・業界紙はどのような ところで作っているのだろうか

①発行母体の種類

　前章では、専門紙・業界紙の内容、創刊年、サイズ、発行頻度、ページ数が多様であることがわかった。発行母体も一般紙や経済紙と比べて、新聞社以外もあって多様である。その新聞を図書館に入れるか否かの選択をおこなう際には、発行母体の情報は重要である。新聞社や出版社も企業ではあるが、本書では発行母体を新聞社、出版社、業界団体、企業に大きく分けて特徴を見ていく。

　そもそも、新聞を発行しているところはどのような組織なのだろうか。新聞社に続いて新聞を発行できる体力があるのは出版社だと思われる。ある特定の業界について出版活動をおこなっているところもあると考えた。たとえば、書籍と雑誌を出していれば、情報の速報性の観点から新聞も出している場合もある。次に、関係する業界団体が発行しているものもあるだろう。この場合、機関紙や広報紙の性格を持つ可能性もある。この3つに当てはまらないものを企業とした。もし、製造業者が新聞を出していた場合、自社製品の紹介や宣伝が中心だった場合は企業のPR紙とみなすべきであり、図書館での選択の際に検討した結果、受け入れない可能性が高いだろう。

②発行母体の規模と活動内容

　これらの発行母体を今回は従業員数、新聞以外の出版物、イベント状況について見ていきたい。

　たとえば、日刊で5人以下の従業員数の規模だと新聞の発刊は容易ではないことが想像できる。日本専門新聞協会の加

盟条件のひとつとして従業員数は10人以上とあったが、現在は加盟条件のひとつに入っていない。だが、従業員については組織の規模を考えるうえで必要だと考えられる。

発行元が新聞以外の収入源として関係する出版物の発行や関係する行事をおこなっている可能性もあると考えた。関係する本や雑誌があれば、図書館でビジネス支援サービスやレファレンスサービス（質問回答）をおこなうための情報として役立つ可能性がある。

③協会への加盟状況

新聞に関係する大きな団体として日本専門新聞協会と日本新聞協会がある。業界団体に加入する大きなメリットは、対外的に自社の信頼性のアピールになることである。特に、日本専門新聞協会は団体としての自負があることが文献やインタビューからわかった。発行母体の信頼性を担保しているため加盟状況を調査する必要がある。

5-2 発行母体の概要

発行母体の調査対象は382となった。発行母体の種類を調べるために『雑誌新聞総かたろぐ』『日本マスコミ総覧』を使い、新聞社、出版社、業界団体、企業に大きく分けた。従業員についても記載があるものは確認した。さらに、データベース「eol日本の企業100万社」を用い発行母体を検索した。このデータベースは全国都道府県の約100万社の企業データを収録していた（2017年3月31日で終了）。こちらでも従業員数を調べた。新聞以外の出版物や行事開催状況は発行母体のウェブサイトを確認した。協会への加盟状況については『専門新聞要覧』『日本新聞年鑑』を使いそれぞれの加盟社一覧と調査対象を照合した。

①発行母体の特徴

　表13は発行母体の内訳を示したものである。新聞社264社、出版社36社、業界団体66団体、企業16社、合計382だった。次に調査対象382のうち252は従業員数がわかった。これは全体の66％である。内訳は新聞社183社、出版社31社、業界団体23団体、企業15社だった。

②新聞社の従業員数

　表14は、従業員数がわかった新聞社183社を10人ごとの区切りを設けて分けたものである。「1〜10人」が76社で全体の42％、次に多い「11〜20人」は46社で全体の25％である。「読売新聞」や「日本経済新聞」と比べて新聞社の従業員は全体的に少ないことがわかる。「1〜10人」だった新聞社を刊行頻度別に示したものが表15である。日刊はなく、週刊は30社、旬刊（10日ごとに刊行）は23社となっている。週2回出しているところは「紙之新聞」の紙之新聞社（7人）、「運輸新聞」の運輸新聞（10人）などである。

　表16は従業員数上位10社の新聞発行母体と発行頻度を示したものである。この調査の上位10社は従業員100人を超え、

表13　発行母体別内訳

新聞社	264
出版社	36
業界団体	66
企業	16
合計	382

表14　従業員別新聞社数

従業員数	社数
1〜10人	76
11〜20人	46
21〜30人	14
31〜40人	11
41〜50人	9
51〜60人	4
61〜70人	1
71〜80人	2
81〜90人	5
91〜100人	3
101人以上	12
合計	183

表15　従業員数10人以内の新聞社数の刊行頻度と新聞社数

刊行頻度	社数
週2回	3
週刊	30
旬刊	23
月3回	1
月2回	10
各種	1
隔月	8
合計	76

6社が発行頻度が日刊だった。従業員数が最も多かったのは242人の「日本農業新聞」である。日本食糧新聞社は「日本食糧新聞」「日食外食レストラン新聞」を出している。さら

表16 従業員数上位10社と発行頻度

タイトル	産業分類	発行頻度	発行母体	従業員数
日本農業新聞	A	日刊	日本農業新聞	242
みなと新聞	B	日刊	みなと山口合同新聞社	200
繊研新聞	E	日刊	繊研新聞社	180
ニッキン	J	週刊	日本金融通信社	175
化学工業日報	E	日刊	化学工業日報社	172
日本食糧新聞	I	週3回	日本食糧新聞社	135
日食外食レストラン新聞	M	月刊		
日本教育新聞	O	週刊	日本教育新聞社	130
日刊自動車新聞	E	日刊	日刊自動車新聞社	130
Medical Tribune	P	週刊	メディカルトリビューン	129
北海道建設新聞	D	日刊	北海道建設新聞社	127

表17 従業員数が少なかった新聞社と発行頻度

タイトル	産業分類	発行頻度	発行母体	従業員数
家電流通新聞	I	週刊	無線産業新聞社	1
時計工芸新聞	E	月2回	時計工芸新聞社	1
醸界協力新聞	E	旬刊	醸界協力新聞社	2
土地改良新聞	A	旬刊	土地改良新聞社	2
電気産業新聞	F	旬刊	電気産業新聞社	2
日本医器械新聞	E	旬刊	日本医器械新聞社	2
アパレル工業新聞	E	月刊	アパレル工業新聞社	2
CLIPS（クリップス）	E	旬刊	紙製品新聞社	3
名古屋機工新聞	E	月3回	名古屋機工新聞社	3
ラジオ商業新聞	G	月2回	ラジオ商業新聞社	3
日本貴金属時計新聞	E	月2回	日本貴金属時計新聞社	3
日本文具新聞	I	月刊	日本文具新聞社	3
エンプラニュース	E	月刊	プラスチック・ニュース社	3
マンションタイムズ	K	月刊	マンション管理情報研修センター	3

に日本惣菜協会の依頼で「JMニュース（惣菜産業新聞)」の編集をおこなっている。

　一方、表17は従業員数が少なかった新聞発行母体と発行頻度を示したものである。最小は「家電流通新聞」を発行している無線産業新聞社、「時計工芸新聞」を発行している時計工芸新聞社の1人である。それぞれ1人で週刊と月2回の新聞を出している。従業員数が3人までの発行母体を見ると日刊はなかった。

　表18は従業員が多い出版社の新聞発行母体と新聞の発行頻度を示したものである。従業員が最も多いのは「自動車流通新聞」を発行しているプロトコーポレーションで（670人)、中古車情報誌「Goo」で有名である。自動車に興味がある方なら一度は見たことがあるかもしれない。「Goo」は一般向けだが、「自動車流通新聞」は中古車業者、ディーラーなどの法人もしくは業界に携わっている人向けに作っているものである。

　2番目に従業員数が多いのは「交通新聞」を出している交通新聞社の250人で、「JR時刻表」「旅の手帖」「散歩の達人」など、旅行や趣味に関する雑誌と書籍を発行している。2001年までは鉄道弘済会が出資していたことから弘済出版社だったが、交通新聞社と合併して交通新聞社となった。日刊で新聞を発行している。3番目に従業員数が多いのは、医学系出版物を発行している医学書院の225人である。「週刊医学界新聞」の最終面は自社の出版物の紹介をしている。

③業界団体の特徴

　表19は従業員数上位10位までの業界団体を示したものである。いちばん多いのは「月報はつめい」を発行している発明協会で（500人)、2番目は「東商新聞」を月2回出している東京商工会議所である（461人)。

④企業の特徴

　表20は発行母体が企業のうち上位10社を示したものである。帝国データバンクは企業の信用調査では大手で、企業信

表18　従業員数上位10の出版社と発行頻度

タイトル	産業分類	発行頻度	発行母体	従業員数
自動車流通新聞	E	隔週	プロトコーポレーション	670
交通新聞	H	日刊	交通新聞社	250
週刊医学界新聞	P	週刊	医学書院	225
Japan Medicine MONTHLY	P	月刊		
THE MEDICAL & TEST JOURNAL	P	旬刊	じほう	118
包装タイムス	E	週刊	日報アイ・ビー	80
WWD BEAUTY（ウィメンズ・ウエア・デイリー・ジャパンビューティ）	N	週刊	INFASパブリケーションズ	70
自家用車新聞	S	旬刊	イリオス	53
検査機器ニュース	E	月2回	産報出版	28
溶接ニュース	E	週刊		
接着剤新聞	E	旬刊	新樹社	20
プロパン新聞	C	週刊	産業報道出版	20

表19　従業員数上位10の業界団体と発行頻度

タイトル	産業分類	発行頻度	発行母体	従業員数
月報はつめい	L	月刊	発明協会	500
東商新聞	T	月2回	東京商工会議所	461
日医ニュース	P	月2回	日本医師会	220
電気新聞	F	日刊	日本電気協会新聞部	110
国保新聞	P	旬刊	国民健康保険中央会	86
特許ニュース	L	日刊	経済産業調査会	70
農業共済新聞	A	週刊	全国農業共済協会	56
原子力産業新聞	F	週刊	日本原子力産業協会	55
全国農業新聞	A	週刊	全国農業会議所	47
税理士界	L	月刊	日本税理士会連合会	41
プロパン新聞	C	週刊	産業報道出版	20

表20　従業員数上位10の企業と発行頻度

タイトル	産業分類	発行頻度	発行母体	従業員数
帝国タイムス	G	旬刊	帝国データバンク	3,300
環境市場新聞	T	季刊	日本テクノ	683
立花月報	J	月刊	立花証券	519
JECCニュース	G	月刊	日本電子計算機	409
三和新聞	E	隔月	三和テッキ	266
株式新聞	J	日刊	モーニングスター	90
BCN (BUSINESS COMPUTER NEWS)	G	週刊	BCN	78
税理士新聞	L	旬刊	エヌピー通信社	35
納税通信	L	週刊		
東京IT新聞	G	月2回	ICE	23
月刊静脈経腸栄養ニュース	P	月刊	ジェフコーポレーション	10

用調査だけではなく、データベースの提供、出版事業も活発
である。
　立花証券は長年の歴史がある株式、債券、投資信託、市場
デリバティブなどができる証券会社で、個人向けの対面営業
を得意としている。三和テッキは鉄道関連部品、プラント関
連部品、電力関連部品のメーカーである。モーニングスター
はフィナンシャルサービスで有名で、世界規模の金融・経済
情報の提供を機関投資家、個人投資家向けにおこなっている
企業である。「BCN（BUSINESS COMPUTER NEWS）」を発行
しているBCNはIT産業の市場分析やデータ販売、関連書籍
の出版をおこなっている。紙面には、特集やBCN独自のラ
ンキングを掲載している。エヌピー通信社はセミナーの企画、
会計事務所M&A支援業務をおこなっている。ジェフコーポ
レーションは医学界、製薬会社向けにセミナーや会議企画を
おこなっていて、セールスプロモーションや出版もおこなっ
ている。

第 5 章　新聞発行元の特徴　　97

⑤出版物の発行状況

　新聞以外の出版物は199社・団体が出していた。内訳は次
のようになった。新聞社は128社、出版社は27社、団体は
39団体、企業は5社となった。このうち年鑑を出版している
のは31社である（表21を参照）。

表21　年鑑を出版している発行母体

発行母体名	発行母体の種類	タイトル
鉱業新聞社	新聞社	鉱業年鑑
ポスティコーポレーション	新聞社	ゴム年鑑
食品経済社	新聞社	ハム・ソーセージ年鑑, 蒲鉾年鑑
日刊自動車新聞社	新聞社	自動車年鑑
セメントジャーナル社	新聞社	生コン年鑑
鉄鋼新聞社	新聞社	鉄鋼年鑑
電波新聞社	新聞社	電子工業年鑑
塗料報知新聞社	新聞社	塗料年鑑
トーヨー新報	新聞社	豆腐年鑑
オフィスマガジン	新聞社	文具・紙製品・事務機年鑑
麺業新聞社	新聞社	麺業年鑑
冷凍食品新聞社	新聞社	冷凍食品年鑑
水道産業新聞社	新聞社	水道年鑑, 下水道年鑑
東京交通新聞社	新聞社	ハイヤー・タクシー年鑑
日本事務機新聞社	新聞社	○A年鑑
日本商業新聞社	新聞社	化粧品石鹸年鑑
通販新聞社	新聞社	通信販売年鑑
醸造産業新聞社	新聞社	酒類産業年鑑
食糧経済通信社	新聞社	食糧経済年鑑
食肉通信社	新聞社	日本食肉年鑑
食品産業新聞社	新聞社	味噌醤油年鑑, 食品産業年鑑
全国賃貸住宅新聞社	新聞社	賃貸住宅年鑑
外食産業新聞社	新聞社	外食企業年鑑
日本クリーニング新聞社	新聞社	日本クリーニング年鑑
産業報道出版	出版社	全国LPガス企業年鑑
家具新聞社	出版社	家具年鑑
交通毎日新聞社	出版社	自動車レンタリース年鑑
ストアーズ社	出版社	百貨店調査年鑑
日本電気協会新聞部	団体	電気年鑑
帝国データバンク	企業	会社年鑑
ジェフコーポレーション	企業	静脈経腸栄養年鑑

『ゴム年鑑』（ゴム報知新聞社）は、ゴム工業の業況全般ならびにゴム製品別業況、原料別業況、労働状況などを年史的・統計的観点からとらえて解説を施したゴム工業のことがまとまっている。総説、製品、原料、機械、統計、名簿に分かれている。『ハム・ソーセージ年鑑』（食品経済社）は業界トピックス、食肉加工業界の動向、消費統計、関連機械の展望、参考資料に加え、関係官庁、関係団体などの名簿も載っている。『塗料年鑑』（塗料報知新聞社）は業界・団体の主な動きや日本の塗料需要動向などを解説した調査資料、製造業、販売業、塗装業、関連企業・団体の名簿、業界役職者名鑑などを掲載している。『百貨店調査年鑑』（デパートニューズ社）は、百貨店の販売統計、全国百貨店年間商品別売上高集計、全国百貨店月別・商品別売上高集計、都道府県別全国百貨店名簿を見ることができる。

⑥行事開催状況

　業界関係者ではない部外者が確認できるものに限るが、発行母体全体で31社・団体で行事開催がある。内訳は新聞社は16社、出版社は8社、団体は4団体、企業は3社となった（表22を参照）。セミナーは18件、展示会は5件となった。「化学工業日報」を出している化学工業日報社、「オフィス家具新聞」を出している近代家具出版は視察をおこなっている。「国際貿易」を出している日本国際貿易促進協会は広州交易会の案内、中国での展示会・商談会、日本での展示会、投資説明会・セミナー、訪中視察団など多くの催し物をおこなっている。

⑦協会への加盟

　2012年度は日本専門新聞協会に91社加盟し、日本新聞協会に5社加盟していることがわかる。本書の調査対象382発

第5章　新聞発行元の特徴　　99

表22　発行母体の行事開催状況

タイトル	発行母体名	発行母体の形態	発行母体が行う行事
日本農業新聞	日本農業新聞	新聞社	日本農業新聞読者の写真コンテスト
住宅産業新聞	住宅産業新聞社	新聞社	セミナー、海外住宅事情視察ツアー
リフォーム産業新聞	リフォーム産業新聞社	新聞社	セミナー
ベーカーズタイムス	ベーカーズ・タイムス社	新聞社	講習会
ラベル新聞	ラベル新聞社	新聞社	セミナー
化学工業日報	化学工業日報社	新聞社	セミナー、展示会、視察
空調タイムス	空調タイムス社	新聞社	展示会開催
日本ネット経済新聞	日本流通産業新聞社	新聞社	ダイレクト・マーケティング・フェア
文化通信	文化通信社	新聞社	文化通信・共催メディアセミナー
食品産業新聞	食品産業新聞社	新聞社	セミナー
日本流通産業新聞	日本流通産業新聞社	新聞社	ダイレクト・マーケティング・フェア
ニッキン	日本金融通信社	新聞社	ＦＰ継続教育講座
金融経済新聞	金融経済新聞社	新聞社	講演会、セミナー
週刊住宅	週刊住宅新聞社	新聞社	講習会
住宅新報	住宅新報社	新聞社	セミナー
医理産業新聞	医理産業新聞社	新聞社	セミナー
プリテックステージニュース	ニュープリンティング	出版社	セミナー
オフィス家具新聞	近代家具出版	出版社	視察ツアー
包装タイムス	日報アイ・ビー	出版社	セミナー、展示会
溶接ニュース	産報出版	出版社	国際ウエルディングショー、HUBTEC-溶接・レーザー総合技術展
交通毎日新聞	交通毎日新聞社	出版社	全日本自動車軟式野球選手権大会、自動車関連シンポジューム
健康産業新聞	UBMメディア	出版社	展示会
ヘルスライフビジネス	ヘルスライフビジネス	出版社	健食原料・素材・OEM展、特別セミナー
伝統文化新聞	出版研究センター	出版社	出版ビジネススクール
東京室内装飾新聞	東京室内装飾事業協同組合	団体	セミナー
国際貿易	日本国際貿易促進協会	団体	広州交易会の案内、中国での展示会・商談会、日本での展示会、投資説明会・セミナー、訪中視察団
月報はつめい	発明協会	団体	特許・情報フェア＆コンファレンス
東商新聞	東京商工会議所	団体	セミナー
東京IT新聞	ICE	企業	セミナー
Amenity	東京プランニング	企業	セミナー
月刊静脈経腸栄養ニュース	ジェフコーポレーション	企業	セミナー

行母体に対してそれぞれの協会の加盟状況を照合すると、日本専門新聞協会には68社・団体、日本新聞協会には5社（日本農業新聞、水産経済新聞社、電波新聞社、日本海事新聞社、エヌピー通信社）が加盟していることがわかる。

　日本専門新聞協会の加盟が69社という結果は、行政関係の「自治日報」「日刊官庁通信」など直接はビジネス支援とは関係ないと判断したものや新聞の現物を閲覧、入手することができず、本書では調査対象から外れたものがあるからである。

第6章

図書館で
専門紙・業界紙を読む

6-1 購読できるもの、できないもの

①入手方法

　新聞に掲載されている情報がビジネス支援サービスやレファレンスツールとして有益であり、発行元についてもある程度わかったとする。この場合は、図書館として購入を考えるだろう。では、どのような入手ルートが考えられるのだろうか。

[a] 紙媒体の新聞で入手できるのか、電子新聞もあるのか

　専門紙・業界紙を入手する際には紙媒体のものを入手できるのか、一般紙のように紙だけではなくデジタル版（電子新聞）もあるのだろうか。現在の日本の図書館の状況を考えると、紙媒体の提供が基本になる。

[b] 定期購読できるもの、できないもの

　定期購読契約すれば入手できるものが大半だと考えられる一方で、それだけでは入手できないものもあるだろう。

[c] 会員や関係先配布のもの

　前章では、新聞社や出版社以外に新聞を発行している業界団体やその他の組織の存在もあることがわかった。業界団体の場合、会員や関係者でなければ入手できない可能性があるだろう。

[d] 無料で入手できるもの

　無料で受け入れることができる新聞もある。無料で配布しているものや設置しているものもあり、有益な情報が掲載されているものであるならば図書館として入手すべきである。

[e] 非売品

　図書館には売ってくれないものがあるのではないか。

[f] 代替手段（縮刷版、データベース、CD・DVD）

第6章 図書館で専門紙・業界紙を読む　103

　これまでの手段とは違い、新聞の原紙ではなく代替手段として新聞の縮刷版やデータベースの提供、CDやDVDによる提供が挙げられる。

6-2 紙媒体、データベース、デジタル版で読む

　入手方法や種類、購読料を調べるために新聞の原紙のほかに『雑誌新聞総かたろぐ』「月刊メディア・データ」『専門新聞要覧』『日本マスコミ総覧』を利用するといいだろう。縮刷版販売、データベースによる提供、デジタル版（電子新聞）の有無については発行母体のウェブサイトが参考になる。さらにデータベースによる提供は「日経テレコン」「G-Search」「Factiva」などのウェブサイトなどで確認する。

①紙媒体で定期購読できるもの
　巻末付録にあげた400紙のうち371紙は紙媒体で一般紙と同じように購読することができる（93%）。これらのうち3紙には予約直販という購読方法があった。「北海道建設新聞」（日刊）、「木材工業新聞」（週刊）、「日本プレハブ新聞」（旬刊）である。立花証券が発行している「立花月報」は直販もあるが、顧客には配布している。電波新聞社が発行している「ハイテクノロジー」は「電波新聞」の折り込みとして入っているが、「ハイテクノロジー」単体として直販でも購入できる。

②会員や関係者向けのもの
　400紙のうち49紙は業界団体や組織からの会員配布、関係先への配布物だった。このうち20紙は会員ではなくても購入できる。

③会員配布、関係先配布だけで図書館では入手が難しいもの

　表23は先述した49紙のうち会員配布、関係先配布、非売品など一般的に入手するのが難しいものを示した29紙であ

表23　会員配布・関係先配布の新聞

タイトル	発行母体名	発行頻度	流通
りんごニュース	青森県りんご協会	旬刊	会員配布
造園連新聞	日本造園組合連合会	旬刊	関係先配布/非売品
魚商	全国水産物商業協同組合連合会	年4回	関係先配布
東京と緑	東京都造園緑化業協会	隔月	会員配布
ナイスビジネスレポート	ナイス経済研究センター	月2回	関係先配布
日鳶連新聞	日本鳶工業連合会	月刊	会員配布
コットンプロモーション	日本綿業振興会	季刊	会員・関係先配布/非売品
JMニュース （惣菜産業新聞）	日本惣菜協会	隔月	会員・関係先配布
全国たばこ新聞	全国たばこ販売協同組合連合会	月刊	会員関係先配布
JAPAN AUTOMOTIVE NEWS	ジャン・コーポレーション	月刊	海外直送
三和新聞	三和テッキ	隔月	関係先配布/宅配
管機連	全国管工機材商業連合会	年2回	会員配布
JAFNA通信	日本生活情報紙協会	隔月	会員配布
JECCニュース	日本電子計算機	月刊	関係先配布
全粧協新報	全国化粧品小売協同組合連合会	隔月	会員配布/非売品
全国商工新聞	全国商工団体連合会	週刊	組織配布
東京賃貸住宅新聞	東京共同住宅協会	年4回	会員配布
日本税政連	日本税理士政治連盟	月刊	会員配布
月報はつめい	発明協会	月刊	会員のみ配布
全飲連ニュース	全国飲食業生活衛生同業組合連合会	季刊	全国組合員に無料配布
東京中華料理新聞	東京中華料理新聞	月刊	組合員/関係機関/非売品
SAUNA・SPA新聞	日本サウナ・スパ協会	月刊	会員配布
理楽TIMES	全国理容生活衛生同業組合連合会	月刊	会員配布
E・toco TIMES	東京都理容生活衛生同業組合	月刊	組合員配布
よぼう医学	東京都予防医学協会	月刊	会員配布
健康さっぽろ	札幌市医師会	年2回	会員関係先配布/関連施設配置/非売品
全日病ニュース	全日本病院協会	月2回	会員等配布
ほうもん看護	日本訪問看護振興財団	月刊	会員配布/関係先配布/関連施設配布
東商新聞	東京商工会議所	月2回	会員配布

る。業界団体や組織の発行のものがほとんどである。発行頻度を見ると日刊はなく、週刊は「全国商工新聞」だけだった。入手したい場合には、発行母体に寄贈を依頼するか、購入することができないか聞くところから始まる。

④無料配布のもの
「東京IT新聞」(月2回)は全国のオフィスに無料配布している。またウェブサイトでバックナンバーを読むことができる。「生活用品タイムズ」(月刊)は「洗剤日用品化粧新聞」購読者に月1回送付されている。

⑤縮刷版の発行
　400紙のうち37紙が現在も縮刷版を出しているが、全体の9％にすぎなかった。このうち日刊は6紙「日本農業新聞」「日刊自動車新聞」「電気新聞」「燃料油脂新聞」「交通新聞」「日本証券新聞」である。週2回は「物流ニッポン」だけであり、週刊は18紙である。過去に出してはいたが、すでに終了した新聞もある。

⑥データベースによる提供
　データベースを提供している新聞は79紙である。日刊は23紙、週3回は5紙、週2回は4紙、週刊は35紙である。62紙は「日経テレコン」で検索することができる。ただし、公共図書館版ではほとんど検索することはできない。自社のウェブサイトでだけの提供は7紙だった。
　「ELNET(イーエルネット)」と呼ばれる、新聞記事を検索できるデータベースがある。1988年からの新聞・雑誌記事約2,700万件を採録していて、新聞約100紙、雑誌約250誌を検索することができる。このうち専門紙というカテゴリーがあり、44紙を検索することができる[1]。本書の400紙のうち32

紙は「ELNET」で検索することができる。「ELNET」だけで検索できるのは「日刊油業報知新聞」（日刊）、「日刊建設産業新聞」（日刊）、「電波新聞」（日刊）、「食品新聞」（日刊）、「食品産業新聞」（週2回）、「金融経済新聞」（週刊）である。

⑦ CD または DVD

　CD や DVD を出しているところは7紙だった。「日本農業新聞」（日刊）、「北海道建設新聞」（日刊）、「繊研新聞」（日刊）、「農業共済新聞」（週刊）、「石鹸日用品新報」（週刊）、「週刊玩具通信」（週刊）、「建設技術新聞」（月2回）だけである。

⑧デジタル版（電子新聞）

　28紙はデジタル版（電子新聞）でも読むことができる。日刊は「みなと新聞」「建設通信新聞」「日刊産業新聞」「日刊鉄鋼新聞」「電気新聞」「株式新聞」の6紙で、週刊は12紙である。

6-3　購読料

①一般紙・経済紙との比較

　購読料については一般紙や経済紙との比較が必要である。以下の料金はすべて2013年当時のものである。一般紙・経済紙でいちばん高いのは、「日本経済新聞」の1カ月4,383円である。「読売新聞」「朝日新聞」「毎日新聞」は3,925円である。割引を考慮しなければ半年で2万3,550円、年間4万7,100円となる。専門紙・業界紙の購読料金は一般紙や経済紙と同等なのか、それとも高いのかということを、購入には予算が関係するため調べる必要がある。

　新聞によって掲載されている購読料は年間、半年、1カ月など様々である。図書館では年間契約になるため、購読料を

第6章　図書館で専門紙・業界紙を読む　　107

年間に置き換えて金額をそろえる。400紙のうち有料は381
紙で、平均は2万3,564円である。

　表24は年間購読料が高いほうから上位10位までの新聞を
示したものである。最も高額だったのは「化学工業日報」の
13万8,000円で、10万円を超えたのは8紙である。傾向とし

表24　年間購読料が高い専門紙・業界紙

タイトル	創刊年	発行頻度	発行母体名	年間購読料
化学工業日報	1937年2月	日刊	化学工業日報社	138,000
日刊鉄鋼新聞	1947年	日刊	鉄鋼新聞社	123,800
建設新聞	1951年12月	日刊	建設新聞社	121,440
日刊産業新聞	1936年2月	日刊	産業新聞社	120,000
建設通信新聞	1950年3月	日刊	日刊建設通信新聞社	107,100
日刊建設工業新聞	1928年10月	日刊	日刊建設工業新聞社	107,100
北海道建設新聞	1958年6月	日刊	北海道建設新聞社	104,400
日刊建設産業新聞	1949年6月	日刊	日刊建設産業新聞社	100,800
日刊建設タイムズ	1966年12月	日刊	日刊建設タイムズ社	97,020
日本海事新聞	1942年12月	日刊	日本海事新聞社	94,500

表25　年間購読料が安い専門紙・業界紙

タイトル	創刊年	発行頻度	発行母体名	年間購読料
三和新聞	1952年1月	隔月	三和テッキ	480
信用金庫新聞	1952年	月2回	全国信用金庫協会	960
E・toco TIMES	1953年5月	月刊	東京都理容生活衛生同業組合	1,000
全国たばこ新聞	1961年	月刊	全国たばこ販売協同組合連合会	1,008
R&I (REGISTRATION AND INSPECTION)	1970年5月	月刊	自動車検査登録協力会	1,100
全農機商報	1963年7月	月刊	全国農業機械商業協同組合連合会	1,200
都医ニュース	1961年	月刊	東京都医師会	1,590
月報はつめい	1965年11月	月刊	発明協会	1,800
菓子工業新聞	1960年4月	月刊	全国菓子工業組合連合会	2,000
税理士界	1952年11月	月刊	日本税理士会連合会	2,000

ては日刊の建築関係の購読料は高い。一方、表25は年間購読料が安いものである。発行母体に特徴がある。企業である三和テッキの「三和新聞」以外はすべて業界団体が出しているもので、発行頻度は月刊が多い。

②第三種郵便物

　第三種郵便物とは、日本郵便が承認した新聞や雑誌などの定期刊行物を低廉な料金で送付できる制度である。入手可能性からみれば、第三種郵便物の承認条件の③「政治、経済、文化その他公共的な事項を報道し、又は論議することを目的とし、あまねく発売されるものであること」という項目が関係してくる。また、第三種郵便物は、新聞の信頼性と入手可能性に影響するものである。

　第三種郵便物の有無については公の一覧表がないため、紙面を実際に手に取って調べた結果、調査対象400紙のうち第三種郵便物の承認を受けているものは334紙であり、全体の84％である。今回の調査対象のなかで承認を早くに受けた上位3紙は、1907年11月に創刊された「電気新聞」（日刊）、28年10月に創刊された「日刊建設工業新聞」（日刊）、29年11月に創刊された「敷物新聞」（旬刊）である。原紙を手に取っていくなかで以下の4紙については見慣れない記述がある。「日刊建設産業新聞」（日刊）には「昭和24年7月15日、昭和36年7月7日国鉄特別取扱」、「二輪車新聞」（週刊）には「昭和35年5月13日国鉄特別扱承認新聞第235」、「寝装リビングタイムス」（旬刊）には「昭和25年6月27日、昭和40年2月19日JR東日本特別承認新聞紙411号」とあった。新聞紙を鉄道で運ぶ場合、運賃もしくは運送方法など特別な扱いを受けたい場合は特別扱の承認を受ける必要がある。月に3回以上定期的に刊行されるものが基準であり、第三種郵便物の承認と類似している。

第6章 図書館で専門紙・業界紙を読む　　109

　第三種郵便物の承認を受けている内訳は新聞社246社、出版社32社、業界団体46団体、企業10社で、新聞社が圧倒的に多い。一方で、第三種郵便物の承認を受けていないものは66紙で、内訳は新聞社30社、出版社9社、業界団体20団体、企業7社である。

6-4 業界別（日本標準産業分類）の入手可能性

①農業、林業

　24紙のうち図書館で入手が難しそうなものは2紙だった。「りんごニュース」は会員配布であり、「造園連新聞」は関係先配布で非売品だった。他の22紙は入手できる。「農民新聞」と「全農機商報」は会員配布ではあるが、購入することができる。縮刷版は「全国農業新聞」と「日本農業新聞」「農業共済新聞」が出している。データベースは「日本農業新聞」「農業共済新聞」「農経新聞」「日刊木材新聞」が提供している。年間購読料の平均は1万7,514円で、年間購読料が最も高いのは「日刊木材新聞」の7万2,000円だった。

②漁業

　5紙のうち、「魚商」だけが関係先配布だった。漁業関係では縮刷版は出していなかった。「水産タイムス」「日刊水産経済新聞」はデータベースで検索することができる。「水産タイムス」は自社のウェブサイトと「日経テレコン」で記事を検索することができる。年間購読料の平均は3万5,742円だった。年間購読料が最も高いのは「日刊水産経済新聞」の6万6,780円だった。

③鉱業、採石業、砂利採取業

　8紙すべて図書館が入手可能である。縮刷版はどこも出し

てはいない。データベースは「日刊油業報知新聞」だけで、「ELNET」で検索できる。年間購読料の平均は3万1,850円で、最も高いのは「日刊油業報知新聞」の5万4,000円である。

④建設業

　41紙のうち2紙が図書館による入手は難しい可能性がある。「東京と緑」は会員配布、「ナイスビジネスレポート」は関係先配布である。縮刷版は「住宅産業新聞」「東京と緑」だけが出している。データベースは「建設通信新聞」「日刊建設工業新聞」「日刊建設産業新聞」「北海道建設新聞」「建通新聞」の各支社のものが検索できる。年間購読料の平均は5万2,845円で、最も高いのは「建設新聞」の12万1,440円である。他に購読料が10万円を超えたのは「日刊建設工業新聞」10万7,100円、「建設通信新聞」10万7,100円、「北海道建設新聞」10万4,400円、「日刊建設産業新聞」10万800円である。

⑤製造業

　136紙のうち図書館で入手が難しい可能性があるのは「管機連」「日鳶連新聞」「コットンプロモーション」「JMニュース」「全国たばこ新聞」である。会員配布ではあるが、図書館で購入できるものとして11紙ある（「全国乾麺新聞」「全国牛乳新聞」「日蜂通信」「菓子工業新聞」「水産煉製品新聞」「全室協ニュース」「全管協ニュース」「月刊建材」「電材流通新聞」「三和新聞」「山梨研磨宝飾新聞」）。縮刷版は11紙が出している（「ゴム産業ニュース」「ゴム報知新聞」「シューズポスト」「アグリゲイト」「セメント新聞」「フォームタイムス」「検査機器ニュース」「溶接ニュース」「半導体産業新聞」「日刊自動車新聞」「家具新聞」）。飲食関連、印刷関連の縮刷版はない。

データベースは14紙で検索できる。CD/DVD版は「繊研新聞」「石鹸日用品新報」にあり、デジタル版は「ゴム報知新聞」「日刊鉄鋼新聞」「塗料報知」「日刊産業新聞」「週刊粧業」「トーヨー新報」「緑新聞」「ホームリビング」にある。年間購読料の平均は1万8,643円で、最も高いのは「化学工業日報」の13万8,000円である。他に10万円を超えたものは「日刊鉄鋼新聞」12万3,800円、「日刊産業新聞」12万円である。

⑥電気・ガス・水道業・熱供給

11紙すべて図書館が入手できる。縮刷版は「電気新聞」「電線新聞」「燃料油脂新聞」がある。データベースは「電気新聞」「原子力産業新聞」「ガスエネルギー新聞」「水道産業新聞」にある。このうち「電気新聞」は「日経テレコン」「G-Search」「電気新聞 e-ClipNews」「デジアナコミュニケーションズ」「Factiva」「ELNET」でデータベースを閲覧可能であり、参照先が豊富である。デジタル版は「電気新聞」「ガスエネルギー新聞」だけにあった。年間購読料の平均は2万7,729円で、最も高額だったのは「燃料油脂新聞」の6万1,728円だった。

⑦情報通信業

19紙すべて図書館が入手することが可能である。「東京IT新聞」は全国のオフィスに無料配布している。縮刷版は「映像新聞」「新文化」「文化通信」「東洋経済日報」にある。データベースは「BCN」「映像新聞」「新文化」「文化通信」「電経新聞」「電波新聞」「日本情報産業新聞」「日本ネット経済新聞」にある。デジタル版は「BCN」「日本情報産業新聞」「文化通信」「インテリアビジネスニュース」「東京IT新聞」にある。年間購読料の平均は1万9,640円で、最も高い

のは「電波新聞」の6万円だった。

⑧運輸業、郵便業

　15紙すべて図書館が入手することができる。縮刷版は「交通新聞」「東京交通新聞」「物流ニッポン」だけだった。データベースは「交通新聞」「交通毎日新聞」「東京交通新聞」「輸送経済」「日本海事新聞」がある。デジタル版は「物流ウィークリー」「輸送新聞」だけだった。年間購読料の平均は4万814円であり、最も高いのは「日本海事新聞」の9万4,500円だった。

⑨卸売業、小売業

　46紙のうち43紙は図書館で入手することができる。入手が難しい3紙は「全粧協新報」「生活用品タイムズ」「全国商工新聞」であり、「生活用品タイムズ」は「洗剤日用品化粧新聞」購読者に送付している。縮刷版は「全国商工新聞」「OAライフ」「通販新聞」「訪販ニュース」にある。データベースは10紙にある。「日本食糧新聞」は「日経テレコン」「Factiva」「G-Search」「ELNET」で検索できる。デジタル版は「健康産業流通新聞」「日本食糧新聞」「ステイショナー」「デパートニューズ」にあった。年間購読料の平均は1万7,418円で、最も高いのは「日本食糧新聞」の6万4,848円だった。

⑩金融業、保険業

　13紙すべて図書館が購入することができる。縮刷版は「ニッキン」「日本証券新聞」だけにあった。データベースは「ニッキン」「日本証券新聞」「金融経済新聞」「株式新聞」にある。なかでも「ニッキン」は自社のウェブサイトのほか、「日経テレコン」「Factiva」「G-Search」「ELNET」でも検索

することができる。デジタル版は「株式新聞」だけにあった。年間購読料の平均は2万7,811円で、最も高いのは「日本証券新聞」の5万8,200円だった。

⑪不動産業、物品賃貸業

　10紙のうち「東京賃貸住宅新聞」だけが会員配布で、他は図書館が購入することができる。縮刷版は「ビル新聞」だけである。データベースがあるのは「週刊住宅」「住宅新報」で、「住宅新報」は「日経テレコン」「Factiva」「G-Search」「ELNET」で検索することができる。デジタル版があるのは「住宅新報」だけである。年間購読料の平均は1万2,977円で、このうち最も高いものは「ビル新聞」の2万5,000円だった。

⑫学術研究、専門・サービス業

　10紙のうち図書館による入手が難しいのは「月報はつめい」「日本税政連」だった。他は購入することができる。縮刷版は「税理士界」だけにあった。データベースで検索できるのは「科学新聞」「税理士新聞」「納税通信」であり、いずれも「日経テレコン」だけとなる。年間購読料の平均は1万6,940円で、「特許ニュース」が6万9,500円でいちばん高い。

⑬宿泊業、飲食サービス業

　9紙のうち「東京中華料理新聞」だけは図書館による入手は困難である。他は入手可能である。縮刷版を出しているものはなかった。データベースは「観光経済新聞」「旬刊旅行新聞」「日食外食レストラン新聞」にある。デジタル版があるのは「全飲連ニュース」だけだった。年間購読料の平均が9,720円で、最も高いのは「旬刊旅行新聞」で1万6,500円だった。

⑭生活関連サービス業、娯楽業

　13紙のうち「E・toco TIMES」「SAUNA・SPA新聞」「理楽TIMES」については図書館が入手困難な可能性があるが、他は購入できる。縮刷版を出しているところはなかった。データベースで検索できるのは「週刊玩具通信」だけだった。CD・DVD版を出しているところも「週刊玩具通信」だけだった。年間購読料の平均は1万2,191円で、「WWD BEAUTY（ウィメンズ・ウエア・デイリー・ジャパンビューティ）」が3万1,500円で最も高い。

⑮教育、学習支援業

　この産業分類に該当するのは「教育学術新聞」と「日本教育新聞」だけである。両方とも図書館が購入することができる。縮刷版は「日本教育新聞」だけが出している。データベース、CD・DVD、デジタル版はない。両者とも週刊の新聞ではあるが、年間購読料は「教育学術新聞」が4,800円、「日本教育新聞」は3万1,500円である。

⑯医療、福祉

　29紙のうち「健康さっぽろ」「全日病ニュース」「ほうもん看護」「よぼう医学」は図書館には入手困難である可能性が高い。残りの25紙については購入可能である。縮刷版は「国保新聞」だけにあった。データベースは「MEDICAMENT NEWS」「薬事ニュース」「薬事日報」が検索できる。「薬事日報」にはデジタル版もあった。年間購読料の平均は8,809円であり、最も高いのは「薬事日報」の3万2,340円だった。「週刊医学界新聞」は年間購読料5,000円だが、ウェブサイトで無料で見ることができる。

⑰サービス業

4紙すべて図書館で購入することができる。縮刷版は「経済産業新報」だけにある。データベースで検索できるのは「セキュリティ産業新聞」だけで、CD・DVD、デジタル版はない。年間平均購読料は2万3,745円で、最も高いのは「セキュリティ産業新聞」の4万5,000円である。

⑱公務

「R&I」と「自家用車新聞」の2紙だけだが、両者とも購入が可能である。しかし、縮刷版やデータベースによる提供、CD・DVD、デジタル版はない。年間購読料は「R&I」が1,100円、「自家用車新聞」は6,000円である。

⑲分類不能の産業

ここに該当するのは「環境市場新聞」「環境新聞」「東商新聞」だけだが、「東商新聞」は販売していないため図書館には入手困難な可能性がある。「環境市場新聞」は無料で入手することができる。縮刷版は出ていない。データベースは「日経テレコン」だけだが、「環境新聞」「東商新聞」は検索できる。CD・DVD、デジタル版はない。「環境新聞」は2万5,200円、「東商新聞」が4,515円だった。

注

【1】「ELデータベース」(https://www.elnet.co.jp/el/service/database/)［アクセス2016年12月4日］を参照。

第7章

ビジネス支援サービスでの専門紙・業界紙の収集と提供の経験

7-1 新宿区立角筈図書館の 企業創業コーナーを作る

　東京都新宿区立角筈図書館は特別出張所、地域センター、区民ホールなどが入居する複合施設のなかにあり、施設の5階と6階が図書館になっている。場所はJR新宿駅下車徒歩20分、都営大江戸線都庁前下車徒歩10分、京王線初台下車徒歩10分、京王バス・十二社池の上下車徒歩2分のところにあり、近くには都庁や商業施設、オフィスなど超高層ビルが並んでいる。土地柄、図書館の来館者は平日の昼と夕方以降が多い。1989年9月5日にオープンし、ビジネス書や経営書だけではなく、サービス業や地場産業である印刷業、染色業に関係する本などを収集してきた。

　筆者は2010年4月に新宿区立角筈図書館に着任した。筆者が着任する以前に勤務していた職員Nさんがビジネス支援コーナーの設置や新聞と雑誌の入れ替えなどをおこなっていた。以下に記すことは当時、職員Nさんから業務の引き継ぎのときに聞いた話であり、過去のビジネス・ライブラリアン講習会で職員Nさんが話したこととほぼ同じである。

　2008年1月26日、角筈図書館をPRするために十二社商店街親睦会会長を訪問し、そこで商店街マップ作成事業があることを知った。翌月に商店街親睦会に図書館代表として出席し、他の自治体で作られている商店街マップについて紹介した。その後、図書館に十二社の歴史に関することや江戸時代の錦絵について商店街から問い合わせがあり、本や情報の提供をできる範囲でおこなった。9月13日、商店街マップができたと知らせがあった。翌年、区内の他の商店街でも商店街マップ作りがあり、ゆかりのある文学者や地蔵の由来について図書館に問い合わせがあった。以後も、他の商店街の方、

中小企業診断士などから「商店街活性化の実例を知りたい」
と商店街関係の問い合わせがくるようになった。全然、関係
ないと思われる映画関係者からも似たような問い合わせがあ
った[1]。商店街そのものに関係する本、マーケティングの本、
地域に関係する本の収集を意識した。さらに、飲食関係やデ
ザイン、IT関係、ファッションについてもそろえ始めた。
新聞は他の図書館でもあるようなものだった。たとえばスポー
ツ新聞は3紙あったが、「スポーツニッポン」だけにした
り、新たに「繊研新聞」を購入したり、新聞を入れ替え始め
た。スポーツ新聞が減ったことに関しては来館者からの苦情
は当初はたくさんあった。雑誌についても3年間で43誌を中
止した。たとえば、「税経セミナー」をやめて実務系の「税
経通信」(いずれも税務経理協会)にしたり、「航空ファン」(文
林堂)から「エアライン」(イカロス出版)に変更した。業界新
聞については、各業界についての年鑑類ではタイミング的に
遅いと思って寄贈依頼を始めた。集めたものを知ってもらう
ためには、企業創業コーナーに展示するだけではなく、ウェ
ブサイト「ビジネス情報のページ[2]」で本などがわかるよう
にした。

7-2　寄贈依頼を始める

　筆者は職員Nさんから先述した取り組みを引き継いだ。
引き継ぎの途中で、第1章で紹介した『図書館員によるビジ
ネス課題への回答事例集――あなたの仕事をお手伝い』の例
として示した「とんかつ屋」に連れていってもらったことが
ある。引き継いだなかでも特に次の3点については積極的に
おこなってほしいと頼まれた。

①図書館ウェブサイト内の「ビジネス情報のページ」のコンテンツ更新

　コンテンツ情報内容を更新し、毎月新しい情報を盛り込む。

②「起業創業コーナー」の運営

　図書展示コーナーとして、「起業創業コーナー」を常設し、運営すること。ウェブサイトのコンテンツ内容とあわせ、創業希望者や自営業者を対象に、着手段階から創業時まで時系列・段階的に対応する。

③ビジネス情報支援相談会の開催

　図書館での問い合わせの範囲内で、起業・創業や経営改善について、図書館の本や雑誌、他の機関を紹介しながら、中小企業診断士が初歩的な相談に応じる。相談会のときは図書館員が同席して、相談者と診断士の会話のなかで役立つ本や新聞があれば速やかに紹介する。

　いざ、取り組みをおこなってみると、来館者からの問い合わせは図書だけの紹介では満足しないことが多くあり、新聞の記事を来館者と一緒にめくることもあった。筆者が着任する前までは110紙の業界新聞があったが、それだけでは足りないことが多々あった。そこで、筆者以外に2人の館員と協力して専門紙・業界紙、専門雑誌、社史、機関紙などの寄贈依頼を新聞社や組織・団体に出した。このとき館員には、手紙を出した先方に無理がない範囲内で無料での寄贈を依頼していることを周知した。理由は、手紙を受け取った新聞社や業界団体が図書館に電話で理由を尋ねてくることがあり、筆者が不在だった場合に、電話対応に苦慮しないためである。寄贈可否の返事はファクスで送ってくれるようお願いをしていたため、いろいろな記述もあった。単純に「お断りしま

図13　お断りされた場合

大学や自治体図書館でもご購読いただいておりますので
ご購読を検討していただければ幸いです。

図14　ウェブサイトでダウンロードできるもの

吉井様
　隔月で発行している会報誌は、会員の方へのサービスとして配布しております。
販売もしておりません。　送料のみ負担していただけたらと思いましたが、
無償で寄贈ということにしたので、今回は見送らせて頂きます。
　ウェブサイト上で無償にてダウンロードすることは可能ですので、必要に応じて
ご紹介いただけたら幸いです。
　今後ともよろしくお願い致します。

図15　本の情報が記されているもの

この度は弊社新聞につきまして連絡をいただきまして
誠にありがとうございました。
社内にて検討致しまして送付させていただく事と
なりました。
つきましては送付についてはいつ頃からのご希望等
ご連絡いただきたくお願い致します。
又、弊社では毎年プロが選んだ日本のホテル・旅館100選＆
日本の小宿という本も出しておりますのでこちらも贈させて
いただきたーと思っておりますので宜しくお願い致します。

図16 「業界新聞」と「専門新聞」

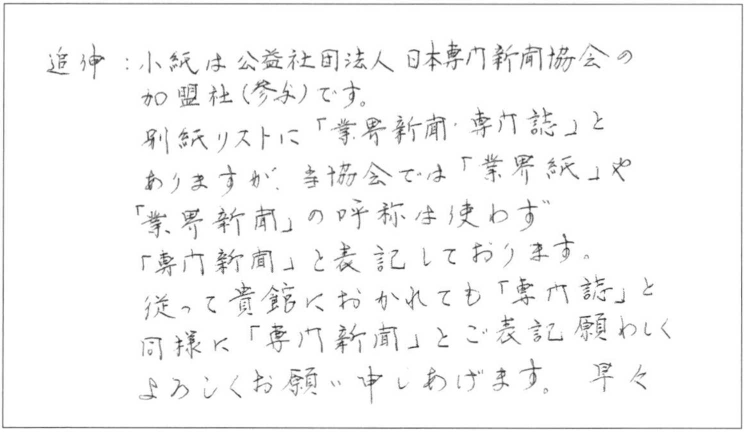

追伸：小紙は公益社団法人 日本専門新聞協会の
　　　加盟社（会員）です。
　　　別紙リストに「業界新聞・専門誌」と
　　　ありますが、当協会では「業界紙」や
　　　「業界新聞」の呼称を使わず
　　　「専門新聞」と表記しております。
　　　従って貴館におかれても「専門誌」と
　　　同様に「専門新聞」とご表記願わしく
　　　よろしくお願い申しあげます。　早々

す」ではなく、一言添えられていたこと（図13）やウェブサイトでダウンロードできる旨を記してもらったこと（図14）、本の情報を付け加えてもらったこと（図15）、「業界新聞」ではなく「専門新聞」と表記してほしいと要望されたこと（図16）などもあり、筆者たち館員が勉強になった。

　その結果、1年目は専門紙・業界紙を67紙、専門雑誌は263紙寄贈で受け入れることができた（表26）。2011年も継続して寄贈依頼をしようと考えたが、東日本大震災が3月11日にあったために控えた。出版地が東京ではない新聞社や業界団体では、東京に出張する際に角筈図書館に寄って図書館の様子を見る方も多数いた。多くの発行母体から寄贈してもらうことができ、一日に図書館に届けられる専門紙・業界紙の量が多くなった（図17を参照）。また、ただもらうだけではなく、どのよう

表26　寄贈受入数

	2010年4月～2011年3月	2011年4月～2012年3月
専門紙・業界紙	67	2
専門雑誌	263	65
社　史	60	3
その他	231	24

第7章　ビジネス支援サービスでの専門紙・業界紙の収集と提供の経験　123

図17　図書館に届けられた専門紙・業界紙

図18　発行母体からの年賀状

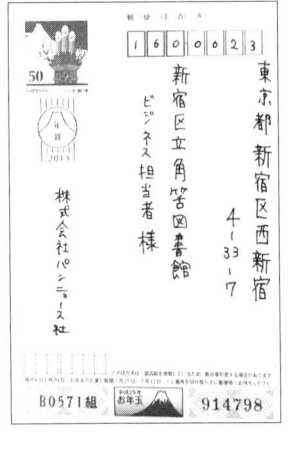

に活用できたのかをフィードバックすることが必要であると思い、タイミングとしては年賀状がいいと考えて、筆者が在籍していたときは発行母体に年賀状を出した。年賀状に「○○の統計が役立ちました」や「○○のインタビュー記事が、事例を探しているときに活用できました」と一言記した。そうすると発行母体によっては年賀状を図書館に送ってくれるようになることもあった（図18）。送られた年賀状のなかには刊行予定の本の情報が記されているものがあり、後日、発行母体の方が図書館に来て図書館の様子や新聞が置いてある場所を確認された。ある発行母体の記者が図書館に来たときに、「貴館以外にも寄贈で送っているところはあるが、最近は以前と比べて経営状況は決していいとは言えない。寄贈先のリストを見て送り先を見直すときがある。貴館のように何らかのレスポンスがあると、利用されているということを知ることができ助かる」と言っていたのが印象的だった。

　図書館から寄贈依頼をする専門紙・業界紙を選定する際、

迷ったときは国会図書館、東京都立中央図書館、大阪府立中之島図書館、神奈川県立川崎図書館、早稲田大学図書館に所蔵の有無を確認し、近隣で手に取れる場合は実際に一度見てからおこなった。発行母体が雑誌も出しているときは、あわせて依頼すると快諾してくれることが多かった。むやみやたらに寄贈依頼をしたのではなく、来館者の年齢や、来館者が図書館に本を取り寄せたときの本の種類の偏り、商店街など外部の人と話をして需要があるものを中心に依頼をおこなった。ある程度、特定分野に特化していると、口コミで専門学校生や調べものをする方が来るようになった。専門学校生が複数の服飾関係の新聞を閲覧席で見ながらスケッチブックに洋服のデザインのようなものを描いているのを見たことがある。

7-3　専門紙・業界紙の利用

本来であれば、具体的に来館者の問い合わせにどのように専門紙・業界紙を提供したのかを具体的に記したいが、質問者のプライバシー保護に関わるため、例えばどのような使い方ができるかについて実際の紙面を用いながら見てみよう。

①統計を見る

統計は役立つ。図19は「酒販ニュース」2016年12月11日号11面にある「2016年度上半期決算におけるスーパー 26社の酒類別売上状況」である。スーパーマーケット 26社でそれぞれどんな酒が売れているのかを知ることができる。よく見ると、たとえばライフではビールが112％だが、発泡酒は97％であることがわかる。

図20は「水産タイムス」2016年12月12日付4面にある「10月の冷蔵倉庫の庫腹状況」である。これは日本冷蔵庫協

図19　2016年度上半期決算におけるスーパーマーケット26社の酒類別売り上げ状況

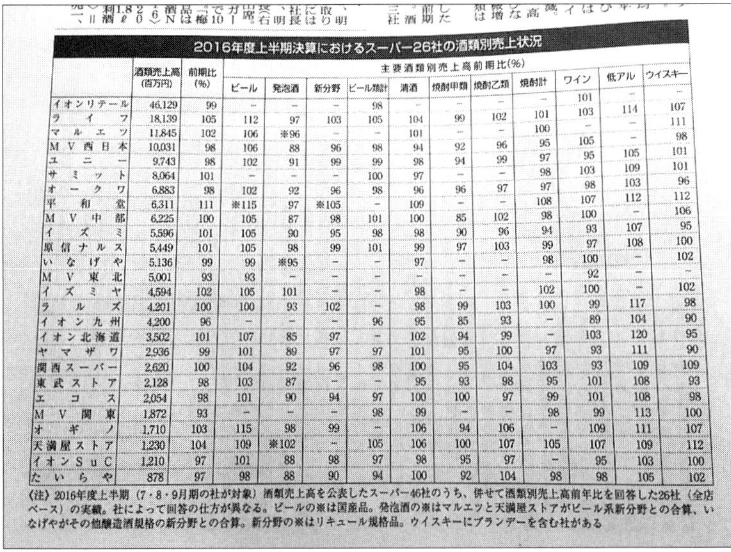

2016年度上半期決算におけるスーパー26社の酒類別売上状況

	酒類売上高(百万円)	前期比(%)	主要酒類別売上高前期比(%) ビール	発泡酒	新分野	ビール類計	清酒	焼酎甲類	焼酎乙類	焼酎計	ワイン	低アル	ウイスキー
イオンリテール	46,129	99	−	−	−	98	−	−	−	−	101	−	−
ライフ	18,139	105	112	97	103	105	104	99	102	101	103	114	107
マルエツ	11,845	102	106	※96	−	−	101	−	−	100	−	−	111
MV西日本	10,031	98	106	88	96	98	94	92	96	95	105	−	98
ユニー	9,743	98	102	91	99	99	98	94	99	97	95	105	101
サミット	8,064	101	−	−	−	100	97	−	−	98	103	109	101
オークワ	6,883	98	102	92	96	98	96	96	97	97	98	103	96
平和堂	6,311	111	※115	97	※105	−	109	−	−	108	107	112	112
MV中部	6,225	100	105	87	98	101	100	85	102	98	100	−	106
イズミ	5,596	101	105	90	95	98	98	90	96	94	93	107	95
原信ナルス	5,449	101	105	98	99	101	99	97	103	99	97	108	100
いなげや	5,136	99	99	※95	−	−	97	−	−	98	100	−	102
MV東北	5,001	93	93	−	−	−	−	−	−	−	92	−	−
イズミヤ	4,594	102	105	101	−	−	98	−	−	102	100	−	102
ラルズ	4,201	100	100	93	102	−	98	99	103	100	99	117	98
イオン九州	4,200	96	−	−	−	96	95	85	93	−	89	104	90
イオン北海道	3,502	101	107	85	97	−	102	94	99	−	103	120	95
ヤマザワ	2,936	99	101	89	97	97	101	95	100	97	93	111	90
関西スーパー	2,620	100	104	92	96	98	100	95	104	103	93	109	109
東武ストア	2,128	98	103	87	−	−	95	93	98	95	101	108	93
エコス	2,054	98	101	90	94	97	100	100	97	99	101	108	98
MV関東	1,872	93	−	−	−	98	99	−	−	98	99	113	100
オギノ	1,710	103	115	98	99	−	106	94	106	−	109	111	107
天満屋ストア	1,230	104	109	※102	−	105	106	100	107	105	107	109	112
イオンSuC	1,210	97	101	88	98	97	98	95	97	−	95	103	100
たいらや	878	97	98	88	90	94	100	92	104	98	98	105	102

《注》2016年度上半期（7・8・9月期の社が対象）酒類売上高を公表したスーパー46社のうち、併せて酒類別売上高前年比を回答した26社（全店ベース）の実績。社によって回答の仕方が異なる。ビールの※は国産品。発泡酒の※はマルエツと天満屋ストアがビール系新分野との合算、いなげやがその他醸造酒規格の新分野との合算。新分野の※はリキュール規格品。ウイスキーにブランデーを含む社がある

図20　10月の冷蔵倉庫の庫腹状況（「水産タイムス」2016年12月12日付）

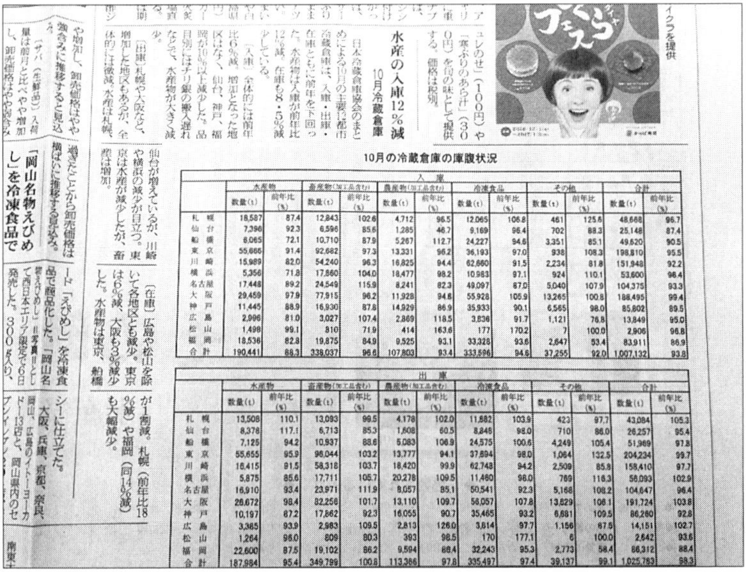

水産の入庫12%減
10月冷蔵倉庫

日本冷蔵倉庫協会のまとめによる10月の主要12都市冷蔵倉庫は、入庫・出庫・在庫ともに前年を下回った。水産物は入庫が前年比12%減。在庫も8・5%減少している。

〔入庫〕全体的には前年比6%減。増加となった地区はなく、仙台、神戸、福岡が10%以上減少した。品目別にはチリ銀の搬入遅れなどで、水産物が大きく減少。

〔出庫〕札幌や大阪など、増加した地区もあるが、全体的には微減。水産は札幌、仙台が増えているが、川崎や横浜の減少が目立つ。東京は水産が減少したが、畜産は増加。

〔在庫〕広島や松山を除いて各地区とも減少。東京は6%減、大阪も3%減少した。水産物は東京、船橋が1割減。札幌（前年比18%減）や福岡（同14%減）も大幅減少。

「岡山名物えびめし」を冷凍食品で

10月の冷蔵倉庫の庫腹状況

入庫

	水産物 数量(t)	水産物 前年比(%)	畜産物(加工品含む) 数量(t)	畜産物 前年比(%)	農産物(加工品含む) 数量(t)	農産物 前年比(%)	冷凍食品 数量(t)	冷凍食品 前年比(%)	その他 数量(t)	その他 前年比(%)	合計 数量(t)	合計 前年比(%)
札幌	18,587	87.4	12,843	102.6	4,712	96.5	12,065	106.8	461	125.6	48,668	96.7
仙台	7,396	92.3	6,596	85.6	1,285	46.7	9,169	96.4	702	88.3	25,148	87.4
船橋	6,065	72.1	10,710	87.9	5,267	112.7	24,227	94.6	3,351	85.1	49,620	90.5
東京	55,666	91.4	92,682	97.3	13,331	96.2	36,193	97.0	938	108.3	198,810	95.5
川崎	15,989	82.0	54,240	96.3	16,825	94.4	62,660	91.5	2,234	81.8	151,948	92.2
横浜	5,356	71.8	17,860	104.0	18,477	98.2	10,983	97.1	924	110.1	53,600	96.4
名古屋	17,448	89.2	24,549	115.9	8,241	82.3	49,097	87.0	5,040	107.9	104,375	93.3
大阪	29,459	97.9	77,915	96.2	11,928	94.8	55,928	105.9	13,265	100.8	188,495	99.4
神戸	11,445	88.9	16,930	87.8	14,929	86.9	35,933	90.1	6,565	98.0	85,802	89.5
広島	2,996	81.0	3,027	107.4	2,869	118.5	3,836	91.7	1,121	76.8	13,849	95.0
松山	1,498	99.1	810	71.9	414	163.6	177	170.2	7	100.0	2,906	96.8
福岡	18,536	82.8	19,875	84.9	9,525	93.1	33,328	93.6	2,647	53.4	83,911	86.9
合計	190,441	88.3	338,037	96.6	107,803	93.4	333,596	94.6	37,255	92.0	1,007,132	93.8

出庫

	水産物 数量(t)	水産物 前年比(%)	畜産物(加工品含む) 数量(t)	畜産物 前年比(%)	農産物(加工品含む) 数量(t)	農産物 前年比(%)	冷凍食品 数量(t)	冷凍食品 前年比(%)	その他 数量(t)	その他 前年比(%)	合計 数量(t)	合計 前年比(%)
札幌	13,508	110.1	13,093	99.5	4,178	102.0	11,882	103.9	423	97.7	43,084	105.3
仙台	8,378	117.1	6,713	85.3	1,608	60.5	8,848	98.0	710	86.0	26,257	95.4
船橋	7,125	94.2	10,937	88.6	5,083	106.9	24,575	100.6	4,249	105.4	51,969	97.8
東京	55,655	95.9	96,044	103.2	13,777	94.1	37,694	98.0	1,064	132.5	204,234	99.7
川崎	16,415	91.5	58,318	103.7	18,420	99.9	62,748	94.2	2,509	85.8	158,410	97.7
横浜	5,875	85.6	17,711	105.7	20,278	109.5	11,460	96.0	769	116.3	56,093	102.9
名古屋	16,910	93.4	23,971	111.9	8,057	85.1	50,541	92.3	5,168	108.2	104,647	96.4
大阪	26,672	98.4	82,256	101.7	13,110	109.7	56,057	107.8	13,629	106.1	191,724	103.8
神戸	10,197	87.2	17,862	92.3	16,055	90.7	35,465	93.2	6,681	109.5	86,260	92.8
広島	3,365	93.9	2,983	109.5	2,813	126.0	3,614	97.7	1,156	67.5	14,151	102.7
松山	1,264	96.0	809	80.3	393	98.5	170	177.1	6	100.0	2,642	93.6
福岡	22,600	87.5	19,102	86.2	9,594	88.4	32,243	95.3	2,773	58.4	86,312	88.4
合計	187,984	95.4	349,799	100.8	113,366	97.8	335,497	97.4	39,137	99.1	1,025,783	98.3

会がまとめた主要12都市の状況を示したもので、都市別も
しくは品目別で見ることによって状況分析ができる。

②新商品情報を知る

　企業の新商品の情報、季節に合わせた商品情報は一覧にな
っていると傾向をつかみやすい。図21は「菓子飴新聞」
2016年12月2・9日合併号7面である。それぞれの菓子メー
カーがどのようなこだわりを持って販売するのか知ることが
できる。

　図22は「パンニュース」2016年11月15日号21面にある
「各社の2016年のクリスマスケーキ動向」、図23は「ベーカ
ーズタイムス」2016年11月10日号14面の「新製品＆告知」
の紙面である。両方とも12月のクリスマス向けの商品につ
いての記事になっている。「パンニュース」は一覧表になっ
ていて、前年の様子もわかる。一方、「ベーカーズタイム

図21　新製品情報

第7章　ビジネス支援サービスでの専門紙・業界紙の収集と提供の経験　127

図22　各社の2016年のクリスマスケーキ動向

図23　新製品＆告知

ス」ではドンクが各国のクリスマス伝統菓子を販売すること
について詳しく書かれている。

③一般紙でも取り上げられるがあまり詳しく報じられないこ
とを知る

　11月に入ると、鳥インフルエンザについて私たちが普段
見ているテレビ番組や新聞でも目にすることがある。どこで
確認され、何羽を処分したのか報じられる。図24は「鶏鳴
新聞」2016年11月25日号1面「AI対策の強化呼びかけ」、
図25は「全国食鳥新聞」2016年12月1日付1面「国内農場
でHPAI発生」の記事である。「鶏鳴新聞」のほうでは最近
の発生状況と渡りルートが世界地図上に示されている。これ
を見ると、渡り鳥の南下が本格的になる10月以降に発生が
あることがわかる。また、隣国の韓国でも鳥インフルエンザ
の疑いがある死亡例が確認された記事が掲載されている。こ
れらは、テレビの番組ではほとんど取り上げられていなかっ
た。「全国食鳥新聞」は、日本国内で鳥インフルエンザが11
月18日以降あり、11月28日にも青森と新潟で鳥インフルエ
ンザの疑い事例が発生したことを報じる記事である。記事を
読み進めると、感染した肉や卵が市場に出回ることはないこ
とも書かれている。

④話題になる前に情報を先取りする

　2016年11月30日、もしくは12月1日になると洗濯絵表示
変更について新聞やテレビで取り上げられた。テレビ朝日の
『報道ステーション』でもTシャツに絵をプリントしたもの
がハンガーにかけてあり、いろいろ見せて解説をしていた。
図26は16年10月5日付「日本クリーニング新聞」4面「品
質研究会が公開講座　新JISのWマーク問題」と題した記事
である。クリーニング品質研究会が公開講座をおこなったと

第7章 ビジネス支援サービスでの専門紙・業界紙の収集と提供の経験　129

図24　AI対策の強化呼びかけ

図25　国内農場でHPAI発生

図26　品質研究会が公開講座　新JISのWマーク問題

図27　いよいよ新JIS ｗマークスタート　ウエット特集

図28　国際規格への統一で洗濯表示記号が倍増

いう内容であり、テーマは「改正取扱い表示のウエットクリーニング」だった。クリーニング業界では12月に向けて着々と動いていたことがわかる。図27は16年10月20日付「全ドラ」1面の「いよいよ新JISｗマークスタート　ウエット特集」と題した記事である。12月1日に向けてウエットクリーニングについて大きく取り上げている。図28は「アパレル工業新聞」16年12月1日3面「国際規格への統一で洗濯表示記号が倍増」という見出しの記事である。読み進めていくと「オンワールドホールディングスは洗濯絵表示の選定を品質管理部門がおこなっていて5月に企画・生産部門に研修、それ以降も説明会を開催。11月の全国エリアマネージャー会議で販売員に研修するなど売り場まで周知してきた」とあり、生産者は準備をしてきたことがわかる。

⑤じっくり解説、もしくは短報

　筆者は2016年12月6日付の「日本経済新聞」の夕刊で、「KDDI、ビッグローブ買収、顧客基盤広げ新事業、ネット接続2位に」という見出しの新聞記事を読んだ。内容は見出しどおりで、KDDIがインターネットプロバイダー大手のビッグローブを買収するというものである。ビッグローブは大手であるためポータルサイトのニュースの見出しのひとつに「KDDIがビッグローブ買収を発表」と出たこともある。12月12日付「通信興業新聞」でも「KDDIビッ

図29　KDDIビッグローブを買収800億円で完全子会社化

図30 「企業・動静」欄の「買収」

グローブを買収　800億円で完全子会社化」という見出しの記事があった（図29）。「BCN」12月19・26日付には「企業・動静」の欄に「買収」とあり、「KDDI　ビッグローブの全株式を取得する株式譲渡契約を締結。通信領域に加え、決済や物販事業などシナジーに期待。2017年1月末をめどに、総額約800億円で取得し、完全子会社化する予定。12月8日」とある（図30）。興味関心によって、または自身のほしい情報レベルによってじっくり記事を読みたいか、短報的な記事で十分なのか、選択肢はあったほうがいいのではないだろうか。

注

【1】 ものがたり法人 FireWorks ファイアーワークス「新宿区立角筈図書館へ！」（http://www.fireworks-film.com/?p=1898）［アクセス 2016年12月4日］を参照。

【2】 「ビジネス情報のページ」（https://www.library.shinjuku.tokyo.jp/bisunesssien/hyousi.html）［アクセス 2016年12月4日］を参照。

おわりに

　2016年11月下旬、ビジネス支援図書館推進協議会のビジネス支援選書研究会に筆者が田村俊作先生から招かれ、「ビジネス支援における新聞・雑誌の収集と提供」をテーマに話をする機会があった。ビジネス支援選書研究会は14年度からビジネス支援サービスに取り組もうとしている公共図書館を対象に、どのような資料をそろえるべきか、その選定をおこない、協議会会員を対象にリストの提供をおこなうことを目的に活動している。筆者が田村先生から声をかけていただいた理由は、12年4月から慶應義塾大学大学院に在籍し、修士論文のテーマを専門・業界紙にしたからである。

　当日は修士論文の内容を中心にお話をした。20タイトルの専門紙、業界紙を実際に手に取ってもらったところ、みんな興味を持って紙面を読んでいた。メンバーから「ぜひ、調べた新聞リストを見たい」「新聞400紙が入っているエクセルの表をほしい」という声があった。

　少し調べてみると、現在も専門紙や業界紙といわれる新聞についてまとまった情報や本は少ない。しかも出版年が古いものが多く、2010年以降出版された本はない。そこで、14年1月に提出した修士論文「レファレンスツールとしての専門・業界紙の特徴──公共図書館のビジネス支援サービスでの活用」をもとに専門・業界紙について記すことで、ビジネス支援サービスを展開している図書館、これからおこなおうとしている図書館だけに限らず、そもそも専門・業界紙について知ることができるツールのひとつになるのではないかと考えた。そのため、本書は図書館の関係者だけではなく一般の方が手に取っても読み進められるように、なるべく専門用

語を使わないようにした。指導教授の田村先生からも「半公開の修論だけで終わらせるのはもったいないと思っておりましたので、単行本にすることには大賛成です」と言っていただいた。

　本書を手に取った方が少しでも専門紙・業界紙に興味を持ってくださったら幸いである。ぜひ、本書を片手に実際に専門・業界紙を手に取ってほしい。そして、それぞれの図書館で読んだり、または個人的に必要になったら購入したりしてほしい。

　なお、本書は筆者が修士論文として提出したものに、より多くの方に手に取ってもらえるよう用語の使い方や表現、構成に手を加えたものである。第1章と第7章は今回出版にあたって新たに記したものである。第1章は多くの方の情報提供によって充実したものになった。第7章の新聞記事の掲載に際して許可をいただいた各社に感謝している。400紙は実際に筆者が手に取ったものだが、修士論文提出時から3年たっているため、本文や巻末の資料に記している新聞が現在は刊行終了となっている場合もあるかもしれないことをご了承いただきたい。

　なお、本書の内容は個人の見解に基づくものであり、所属組織を代表する公式なものではない。

　最後に、青弓社の矢野恵二氏に厚くお礼を申し上げます。

2017年1月30日　　　　　　　　　　　　　　　　　吉井 潤

資料

専門紙・業界紙400紙リスト

●一覧表の見方

専門紙・業界紙400紙の調査結果の調査結果の一覧表である。
各紙の調査項目は4ページで1セットになる。最初の見開きに掲
載した各タイトルの調査項目の続きを次の見開きに掲載する。

1見開きめ

138

タイトル	産業分類	創刊年	サイズ	発刊頻度	ページ数	企業・団体	業界・市場	統計・データ	法律・特許	会社経営	人物
全国農業新聞	A	1952年1月	ブランケット	週刊	8–16	○	○	○		○	
日本農業新聞	A	1928年3月	ブランケット	日刊	14	○	○	○		○	○
日本農民新聞	A	1952年7月	ブランケット	旬刊	6–8	○	○	○		○	
農機新聞	A	1933年2月	タブロイド	週刊	16–20	○	○	○		○	

2見開きめ

140

タイトル	発行母体名	発行母体の形態	出版地	新聞以外の出版物	
全国農業新聞	全国農業会議所	団体	東京	自治体等による新規就農者支援情報平成25年度〈全国版〉,就農案内読本農業を仕事にしたい人の完全攻略マニュアル	
日本農業新聞	日本農業新聞	新聞社	東京	都道府県農業協同組合名鑑（CD−ROM付）,まずは役員から、JAの改革を―指導力の発揮と責任,新任役員のための農協法	
日本農民新聞	日本農民新聞社	新聞社	東京	農産物検査とくほん,施設と園芸,施設園芸ハンドブック	
農機新聞	新農林社	新聞社	東京	月刊機械化農業,2013農機商工業信用録	

1見開きめ掲載項目 タイトル、産業分類、創刊年、サイズ、発刊頻度、ページ数、企業・団体、業界・市場、統計・データ、法律・特許、会社経営、人物、技術・製品・商品、起業・就職・資格、新聞原紙の主な内容、広告なし、製品広告、企業広告、イベント、出版情報、紙面構成の見出し有無

2見開きめ掲載項目 タイトル、発行母体名、発行母体の形態、出版地、新聞以外の出版物、発行母体がおこなう行事、従業員数；人、日本専門新聞協会加盟、日本新聞協会加盟、流通・販売、縮刷版の有無、データベースの有無、データベース提供元、CD・DVD、デジタル版、年間購読料；円、第三種郵便物、ウェブサイトの有無

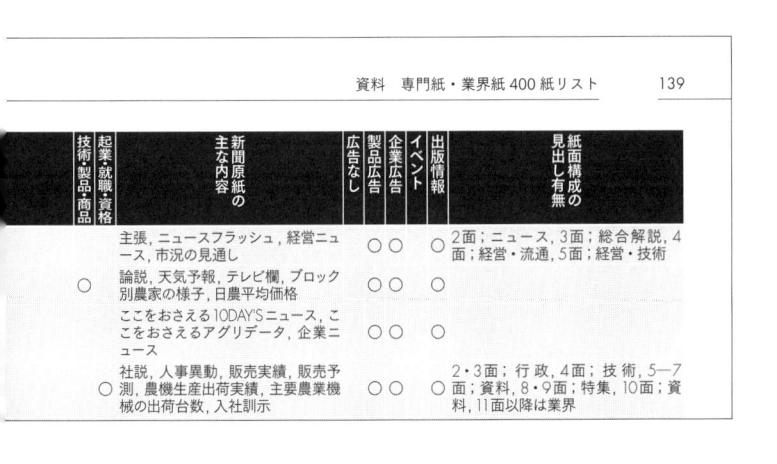

技術・製品・商品	起業・就職・資格	新聞原紙の主な内容	広告なし	製品広告	企業広告	イベント	出版情報	紙面構成の見出し有無
		主張、ニュースフラッシュ, 経営ニュース, 市況の見通し		○	○			2面；ニュース, 3面；総合解説, 4面；経営・流通, 5面；経営・技術
	○	論説, 天気予報, テレビ欄, ブロック別農家の様子, 日農平均価格		○	○		○	
		ここをおさえる10DAY'Sニュース, ここをおさえるアグリデータ, 企業ニュース		○	○		○	
	○	社説, 人事異動, 販売実績, 販売予測, 農機生産出荷実績, 主要農業機械の出荷台数, 入社訓示		○	○			2・3面；行政, 4面；技術, 5—7面；資料, 8・9面；特集, 10面；資料, 11面以降は業界

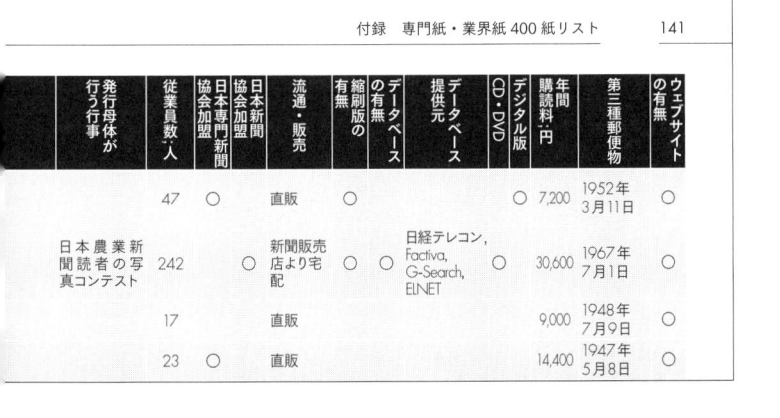

発行母体が行う行事	従業員数；人	日本専門新聞協会加盟	日本新聞協会加盟	流通・販売	縮刷版の有無	データベースの有無	データベース提供元	CD・DVD	デジタル版	年間購読料；円	第三種郵便物	ウェブサイトの有無
	47	○		直販	○				○	7,200	1952年3月11日	○
日本農業新聞読者の写真コンテスト	242		○	新聞販売店より宅配	○	○	日経テレコン, Factiva, G-Search, ELNET			30,600	1967年7月1日	○
	17			直販						9,000	1948年7月9日	○
	23	○		直販						14,400	1947年5月8日	○

タイトル	産業分類	創刊年	サイズ	発刊頻度	ページ数	企業・団体	業界・市場	統計・データ	法律・特許	会社経営	人物
全国農業新聞	A	1952年1月	ブランケット	週刊	8–16	○	○	○		○	
日本農業新聞	A	1928年3月	ブランケット	日刊	14	○	○	○		○	○
日本農民新聞	A	1952年7月	ブランケット	旬刊	6–8	○	○	○		○	
農機新聞	A	1933年2月	タブロイド	週刊	16–20	○	○	○		○	
農経しんぽう	A	1953年	ブランケット	週刊	12–28	○	○			○	
農業共済新聞	A	1948年4月	ブランケット	週刊	10	○			○		
農業協同組合新聞	A	1948年7月	ブランケット	旬刊	4–24	○	○	○		○	
農経新聞	A	1964年6月	ブランケット	週刊	4	○	○	○		○	○
農村ニュース	A	1956年5月	ブランケット	週刊	12	○	○			○	
農民新聞	A	1958年4月	タブロイド	旬刊	4	○					
全農機商報	A	1963年7月	タブロイド	月刊	8–20	○				○	
酵素の世界	A	1955年9月1日	タブロイド	月刊	6–8	○					
信州くだものニュース	A	1949年3月9日	B4	旬刊	4	○				○	
全国きのこ新聞	A	1950年	ブランケット	月2回	6	○	○	○		○	
りんごニュース	A	1948年8月1日	タブロイド	旬刊	2–12	○	○				
鶏鳴新聞	A	1955年5月	ブランケット	旬刊	6–12	○	○	○		○	
全国食鳥新聞	A	1967年9月	ブランケット	月2回	4	○	○	○			
全酪新報	A	1950年1月	ブランケット	旬刊	4–12	○	○			○	
花卉園芸新聞	A	1960年3月	ブランケット	月2回	8–16	○	○	○		○	
造園連新聞	A	1975年3月17日	タブロイド	旬刊	4	○				○	

技術・製品・商品	起業・就職・資格	新聞原紙の主な内容	広告なし	製品広告	企業広告	イベント	出版情報	紙面構成の見出し有無
		主張、ニュースフラッシュ、経営ニュース、市況の見通し		○	○		○	2面；ニュース、3面；総合解説、4面；経営・流通、5面；経営・技術
○		論説、天気予報、テレビ欄、ブロック別農家の様子、日農平均価格		○	○			
		ここをおさえる10DAY'Sニュース、ここをおさえるアグリデータ、企業ニュース		○	○		○	
○		社説、人事異動、販売実績、販売予測、農機生産出荷実績、主要農業機械の出荷台数、入社訓示		○	○		○	2・3面；行政、4面；技術、5—7面；資料、8・9面；特集、10面；資料、11面以降は業界
○		社説、人事、新商品紹介、リード林業機械						
○		新製品紹介、経営、暮らし支局ネットワーク		○	○			固定ではないが、2面；総合、3面；暮らし、4面；全面広告、5面；NOSAI、6面；全面広告、7面；文化、8面；全面広告、9面；青年、11面；情報、12面；全面広告、13面；営農技術、14面；地域
	○	農政・農協・農業界の動きニュースファイル、旬な動き、21世紀日本農業の担い手をどうするか		○	○		○	
○		新商品紹介、調査、催事チェック、主要青果卸の取扱高、人事		○	○		○	
○		揺れる農林行政、ニュース創刊55、地域農業特集、新製品紹介		○	○			
		各地の活動内容、伝統やさいを学ぼう	○					
		農作事故防止対策、経営、活動紹介	○					
		商品価格表、会員の活動紹介	○					
	○	新期就農対策、果物の管理、病害虫対策	○					
○		動向分析、全国一類都市最新市況、消費動向			○			
○		主張、海外短信、今旬の作業		○				
○		鶏肉産業の動向、都道府県別のブロイラーの養鶏羽数・戸数と出荷羽数・戸数、日本養鶏協会の動き、新刊紹介		○	○			
○		論説、食鳥卸売相場、海外の動向、食鳥関係生産物・資材の価格と指数、専門店の取組み		○	○			
○		農作業中の死亡発生状況、牛乳産地情報、酪農新技術、面白くなる実践教室		○	○			
○		社説、誕生花紹介、市況、行事紹介		○	○	○		
○		造園連の活動内容、関係する新刊図書の紹介		○	○			

タイトル	発行母体名	発行母体の形態	出版地	新聞以外の出版物	
全国農業新聞	全国農業会議所	団体	東京	自治体等による新規就農者支援情報平成25年度〈全国版〉, 就農案内読本農業を仕事にしたい人の完全攻略マニュアル	
日本農業新聞	日本農業新聞	新聞社	東京	都道府県農業協同組合名鑑（CD-ROM付）, まずは役員から, ＪＡの改革を―指導力の発揮と責任, 新任役員のための農協法	
日本農民新聞	日本農民新聞社	新聞社	東京	農産物検査とくほん, 施設と園芸, 施設園芸ハンドブック	
農機新聞	新農林社	新聞社	東京	月刊機械化農業, 2013農機商工業信用録	
農経しんぽう	農経新報社	新聞社	東京	農機実業総覧農機実業総覧2014年, 踏んばれ!!日本農業Part14	
農業共済新聞	全国農業共済協会	団体	東京	レポート農政と共済, 月刊NOSAI	
農業協同組合新聞	農協協会	団体	東京	農協・関連企業名鑑, 日本の農協	
農経新聞	農経新聞社	新聞社	東京	野菜と果物の品目ガイド	
農村ニュース	国際農業社	新聞社	東京		
農民新聞	農民新聞社	新聞社	東京		
全農機商報	全国農業機械商業協同組合連合会	団体	東京	農業機械整備技能検定受験の手引	
酵素の世界	酵素の世界社	企業	滋賀		
信州くだものニュース	長野県果樹研究会	団体	長野		
全国きのこ新聞	農業経済新聞社	新聞社	大分		
りんごニュース	青森県りんご協会	団体	青森	技術シリーズ	
鶏鳴新聞	鶏鳴新聞社	新聞社	東京		
全国食鳥新聞	全国食鳥新聞社	新聞社	東京	日本食鳥協会会員名簿	
全酪新報	全国酪農協会	団体	東京	酪農関係制度資金・補助事業・リース事業利用の手引き, 酪農技術マンガ集続牛飼いの眼	
花卉園芸新聞	花卉園芸新聞社	新聞社	愛知	花市場のすべて, 花と緑の三十年	
造園連新聞	日本造園組合連合会	団体	東京	造園施工必携, 精選500題, 葉っぱでおぼえる樹木	

発行母体が行う行事	従業員数（人）	日本専門新聞協会加盟	日本新聞協会加盟	流通・販売	縮刷版の有無	データベースの有無	データベース提供元	CD・DVD	デジタル版	年間購読料（円）	第三種郵便物	ウェブサイトの有無
	47			直販	○				○	7,200	1952年3月11日	○
日本農業新聞読者の写真コンテスト	242		○	新聞販売店より宅配	○	○	日経テレコン, Factiva, G-Search, ELNET	○		30,600	1967年7月1日	○
	17			直販						9,000	1948年7月9日	○
	23	○		直販						14,400	1947年5月8日	○
	30	○		直販						15,720	1953年8月6日	○
	56	○		直販	○	○	日経テレコン, G-Search	○		5,040	1948年11月28日	○
	21			直販						12,000	1948年11月29日	○
	5			直販		○	G-Search			24,000	1964年7月13日	○
	22	○		直販						13,000	1956年6月25日	○
				会員配布/直販						3,000	1951年2月28日	○
				直販/会員配布						1,200	1963年8月20日	○
	4			直販						2,415	1956年3月13日	○
				直販						8,000	1949年3月9日	○
				直販						15,000	1952年8月30日	○
				会員配布						12,500	1950年4月22日	○
				直販						12,600	1955年7月1日	○
				直販						12,600	1967年9月19日	○
	27			直販						6,000	1950年3月14日	○
				直販						9,600	1960年5月15日	○
				関係先配布/非売品						0	1975年3月17日	○

タイトル	産業分類	創刊年	サイズ	発刊頻度	ページ数	企業・団体	業界・市場	統計・データ	法律・特許	会社経営	人物
土地改良新聞	A	1947年7月	ブランケット	旬刊	2	○	○			○	
日刊木材新聞	A	1945年	タブロイド	日刊	8	○	○	○		○	
林経新聞	A	1914年6月	タブロイド	週2回	4-8	○	○				
林材新聞	A	1921年4月	ブランケット	月6回	4-16	○	○	○		○	
魚商	B	2000年	タブロイド	年4回	4	○	○			○	
水産タイムス	B	1955年2月	ブランケット	週刊	4	○	○	○		○	
日刊水産経済新聞	B	1948年9月	ブランケット	日刊	6-8	○	○			○	
日本養殖新聞	B	1969年6月	タブロイド	旬刊	10-12	○	○	○			
みなと新聞	B	1946年2月	ブランケット	日刊	8-32	○	○	○		○	
石油化学新聞	C	1955年12月1日	ブランケット	週刊	4-8	○	○	○		○	
鉱業新聞	C	1948年5月	ブランケット	月2回	2-4	○	○	○		○	
日本砕石新聞	C	1971年12月15日	タブロイド	月2回	8-16	○	○	○		○	
日刊油業報知新聞	C	1931年1月	ブランケット	日刊	4	○	○	○		○	
ぜんせき	C	1966年1月	ブランケット	週3回	4	○	○	○		○	
プロパン・ブタンニュース	C	1955年2月	ブランケット	週刊	8-12	○	○	○		○	
プロパン産業新聞	C	1960年9月	ブランケット	週刊	8	○	○	○		○	
プロパン新聞	C	1956年3月	ブランケット	週刊	8-20	○	○			○	
Architecture Roofing Sealing	D	1967年11月	タブロイド	旬刊	4-24	○	○	○		○	

技術・製品・商品	起業・就職・資格	新聞原紙の主な内容	広告なし	製品広告	企業広告	イベント	出版情報	紙面構成の見出し有無
		人事異動, 農政事情キーマンに聞く, 関連団体の活動紹介			○			
○		木材標準相場, 国産材原木全国商況, 米材商況, 会社探訪		○	○			
○		相場指標, 林野異動, 合板市況通信, 業界短信, 住宅と木材の統計BANK		○	○			
○		企業信用情報, 市場情報, 主要相場, 主要指標, 人事		○	○			
		活動日誌, 全水商連マッチング推進事業, 人事		○	○			
○		関係団体の活動紹介, 冷蔵水産物流通統計, 新商品紹介		○	○			
○	○	機構改革・人事異動, 各都道府県における水産物放射性物質検査結果, 産地漁況, 各社の経営, 各社の自慢の新商品		○	○			
		漁業生産額, スーパー・百貨店・コンビニ・外食産業の販売概況, 輸入通関と魚油情報, 養魚旬刊市, うなぎ総合市況		○	○			
	○	人事異動, 売れ筋品目ランキング, 産地水揚げ市況, 鮮魚相場, 消費地市況		○	○			
○		化学品動向, 話題とその人, 新書籍のお知らせ, 化学製品市況, 石化品輸入実績, 石化品輸出実績		○	○	○		
		社説, 人事異動, 非鉄金属工業製品統計速報, 鉱業生産・出荷・在庫状況		○	○			
○		骨財需給の推移, 砕石業の死亡災害概況, 砕石生産, 機器コーナー		○	○			
○		石油製品需要, 社説, 週間ダイジェスト, 石油先物取引価格, 自動車保有車両数		○	○	○		
○		論説, 石油市場概況, 業転・先物市況概況, 自給解説		○	○			
○		人事, 流通価格の推移, 全国をブロックに分けて地域の様子を紹介			○	○		
○		小売価格改定状況, 人事異動・組織変更, 液化石油ガス市況調査, 地域共生〜LPガスの行方を追って〜		○	○	○		
	○	都市ガス情報, 人事, 生活商品情報					○	2面;広域・関東, 3面;東海・北陸, 4面;関西・中国・九州, 5面;生活商品情報
○		設計労務単価, 需要予測, 注目企業の販売戦略, 新製品・新技術, 国土交通省の動き		○	○			

タイトル	発行母体名	発行母体の形態	出版地	新聞以外の出版物	
土地改良新聞	土地改良新聞社	新聞社	東京	農用地開発事業総覧	
日刊木材新聞	日刊木材新聞社	新聞社	東京	Japan Lumber Reports, 全国プレカット名鑑, 今さら人には聞けない木のはなし	
林経新聞	林経新聞社	新聞社	愛知		
林材新聞	林材新聞社	新聞社	東京	全国林材業者総覧	
魚商	全国水産物商業協同組合連合会	団体	東京		
水産タイムス	水産タイムズ社	新聞社	東京	日刊速報水産タイムス, 日刊速報冷食タイムス, 冷凍食品業界要覧, 定点観測 タイ・中国, 冷食事業進出の10年, 食品工場改善入門	
日刊水産経済新聞	水産経済新聞社	新聞社	東京		
日本養殖新聞	日本養殖新聞	新聞社	東京	国内鰻加工場データマップ, 各国鰻加工場＆活鰻データハンドブック	
みなと新聞	みなと山口合同新聞社	新聞社	山口	北から南 全国水産卸売GUIDE	
石油化学新聞	石油化学新聞社	新聞社	東京	Cleans2013, LPガス資料年報	
鉱業新聞	鉱業新聞社	新聞社	東京	鉱業年鑑	
日本砕石新聞	日本砕石新聞社	新聞社	東京	砕石用語集	
日刊油業報知新聞	油業報知新聞社	新聞社	東京	季刊誌給油所日本, 新・石油読本	
ぜんせき	全国石油商業組合連合会	団体	東京		
プロパン・ブタンニュース	石油化学新聞社	新聞社	東京	Cleans2013, LPガス資料年報	
プロパン産業新聞	石油産業新聞社	新聞社	東京	エネルギー関連行政情報, LPガス業界発展外史	
プロパン新聞	産業報道出版	出版社	東京	2012年版全国LPガス企業年鑑, 21世紀を切り拓く顧客思考	
Architecture Roofing Sealing	新樹社	出版社	東京	月刊防水ジャーナル, 防水材・シーリング材・塗床材ガイドブック, 防水総覧	

発行母体が行う行事	従業員数・人	日本専門新聞協会加盟	日本新聞協会加盟	流通・販売	縮刷版の有無	データベースの有無	データベース提供元	CD・DVD	デジタル版	年間購読料・円	第三種郵便物	ウェブサイトの有無
	2			直販						17,760	1947年7月15日	○
	40	○		新聞販売店より戸別配達（主要都市）/一部郵送		○	日経テレコン			72,000	1948年3月22日	○
	10			直販						56,700	1950年4月18日	○
	19	○		直販						60,000	1942年12月30日	○
				関係先配布						0		○
	10			直販		○	自社, 日経テレコン			28,980		○
	51	○		戸別配達/郵送		○	日経テレコン, ELNET			66,780	1951年7月11日	○
	5			直販						19,950	1969年6月14日	○（ブログ）
	200			直販				○		63,000	1947年9月20日	○
	45			直販						51,660	1956年2月6日	○
				直販						32,400	1948年9月6日	○
	5			直販						14,680	1973年7月31日	○
	45			直販		○	ELNET			54,000	1948年7月20日	○
				直販						11,340	1963年7月1日	○
	45			直販						32,760	1955年6月8日	○
	20			直販						25,200	1960年10月8日	○
	20			直販						32,760	1956年4月16日	○
	20			直販						11,550	1967年11月10日	

タイトル	産業分類	創刊年	サイズ	発刊頻度	ページ数	企業・団体	業界・市場	統計・データ	法律・特許	会社経営	人物
かごしま建設新聞	D	1956年5月10日	タブロイド	日刊	12-24	○	○	○		○	○
環境施設新聞	D	1993年3月	タブロイド	月刊	12	○	○			○	
九建日報	D	1962年	ブランケット	日刊	4-8	○	○				
建設速報	D	1964年7月1日	A3	隔日	8-14	○	○			○	
建設技術新聞	D	1979年4月	タブロイド	月2回	12-24	○	○				
建設経済新聞	D	1957年	タブロイド	日刊	12-20	○	○			○	
建設新聞	D	1951年12月1日	ブランケット	日刊	10-16	○	○	○		○	
建設通信新聞	D	1950年3月	ブランケット	日刊	8-12	○	○	○		○	
住宅産業新聞	D	1978年3月	ブランケット	週刊	6-12	○	○		○	○	
新建新聞	D	1949年4月	ブランケット	旬刊	12-18	○	○				
西日本建設新聞	D	1952年2月1日	A3	週2回	8-16	○	○	○		○	
日刊青森建設工業新聞	D	1980年6月1日	タブロイド	日刊	8-16	○	○	○	○	○	
日刊建設工業新聞	D	1928年10月	ブランケット	日刊	10	○	○			○	
日刊建設産業新聞	D	1949年6月	ブランケット	日刊	8	○	○	○		○	○
日刊建設タイムズ	D	1966年12月	タブロイド	日刊	14-16	○	○				
日本設備工業新聞	D	1953年6月	タブロイド	旬刊	8	○	○	○		○	
日本プレハブ新聞	D	1967年9月	ブランケット	旬刊	4-8	○	○	○			

技術・製品・商品	起業・就職・資格	新聞原紙の主な内容	広告なし	製品広告	企業広告	イベント	出版情報	紙面構成の見出し有無
○		地域貢献活動，建設告知版，人事異動，入札結果，入札速報，話題の商品・工法		○	○		○	
○		社説，メーカー最新動向，トップインタビュー，新商品紹介						
		人事異動，入札結果，公告，入札予報，民間建築工事		○	○			
○		人事異動，建築確認申請，入札情報，入札結果		○	○			
○		新技術・新製品，建設工事受注動態統計調査報告，特集		○	○		○	1面；特集，2・3面；建築・土木技術情報，4面；技術フラッシュ，5面；設備・機械情報，6面；設備材情報，7面；新技術・新製品，8面以降；技術企画特集
○		入札結果，入札予報，公告，発注見通し，京都府建設業新規許可業者		○	○			
○		公告，入札結果，予算詳細，受注見通し，人事，県別情報		○	○			固定ではないが，2面から宮城県，青森県，岩手県，秋田県，山形県，福島県と続く
○		新社長に聞く，建設論評，人事，地区別情報，入札公告		○	○			
○		観光庁・団体行事カレンダー，住宅メーカー情報，最近の住宅裁判から						
		入札結果，入札予報，公告，発注見通し						
○	○	公告情報，入札情報，新製品・新工法，経営事項審査結果，人材情報		○	○			
		入札情報，自治体の予算，国土交通省の動き，公告，人事異動		○	○	○		
○		人事，全国落札者ファイル，新社長の横顔，地域の動向		○	○			固定ではないが，2面；総合，3面；企業，4・5面；工事総合・首都圏，6面；東北，7面；全面広告，8面；中部・北陸，9面；全面広告，10面；近畿，11面；中国・九州
○		入札情報，工事関係，人事異動，地区別動向，企業トップ訓示		○	○			固定ではないが，1面；建設行政，業界動向，論壇，2面；資材，設備，機械，技術等，3面；企画，4面；地方版，5面から7面；入札情報，8面；工事総合
		人事異動，公告，入札結果，入札予報，解体工事情報，国土交通省の情報，関東地方整備局の情報		○	○			
		建築着工統計，管工事受注高，都下水局落札業者		○	○			
○	○	プレハブ着工新住宅・枠組壁工法・新設住宅・都道府県別，利用関係別，構造表 人事・機構改革，住宅メーカーの人気商品		○	○		○	

タイトル	発行母体名	発行母体の形態	出版地	新聞以外の出版物	
かごしま建設新聞	鹿児島建設新聞	新聞社	鹿児島	鹿児島県建設業者要覧	
環境施設新聞	フジタクト	新聞社	東京	環境備品通信, 環境備品マニュアル, 全国GOLF新聞	
九建日報	九建日報社	新聞社	福岡		
建設速報	建設速報社	新聞社	新潟	人事録	
建設技術新聞	建設技術新聞社	新聞社	東京		
建設経済新聞	建設経済新聞社	新聞社	京都		
建設新聞	建設新聞社	新聞社	宮城	東北ジャーナル	
建設通信新聞	日刊建設通信新聞社	新聞社	東京	公共事業予算, 建設人ハンドブック	
住宅産業新聞	住宅産業新聞社	新聞社	東京	住宅政策～私たちの提言, 住宅産業百科2013	
新建新聞	新建新聞社	新聞社	長野	住宅白書2013, リノベーション・ジャーナル	
西日本建設新聞	西日本建設新聞社	新聞社	熊本		
日刊青森建設工業新聞	日刊青森建設工業新聞社	新聞社	青森	青森建設業者名鑑	
日刊建設工業新聞	日刊建設工業新聞社	新聞社	東京	月刊工事情報, 建設業者要覧, 設計事務所便覧	
日刊建設産業新聞	日刊建設産業新聞社	新聞社	東京		
日刊建設タイムズ	日刊建設タイムズ社	新聞社	千葉		
日本設備工業新聞	日本設備工業新聞社	新聞社	東京	月刊コア, 給水装置工事に関する制度の経緯と展望, 全国管工事業者名簿	
日本プレハブ新聞	日本プレハブ新聞社	新聞社	東京	必見よく分かる住まいづくり	

発行母体が行う行事	従業員数・人	日本専門新聞協会加盟	日本新聞協会加盟	流通・販売	縮刷版の有無	データベースの有無	データベース提供元	CD・DVD	デジタル版	年間購読料・円	第三種郵便物	ウェブサイトの有無
	36	○		南日本新聞販売店						57,435	1956年8月6日	○
	4			直販/関係先配布						12,000		○
	31	○		朝日新聞/毎日新聞販売店より宅配/郵送						75,600	1959年4月14日	○
	14			直販						75,600	1964年8月12日	○
				直販				○		23,100	1979年10月8日	○
	18	○		直販						88,200	1967年12月15日	○
	62	○		宅配						121,440	1957年1月28日	○
	110	○		直販（新聞販売店より宅配）		○	自社,1997年以降のものは日経テレコン,G-Search,ELNET		○	107,100	1950年8月20日	○
セミナー,海外住宅事情視察ツアー	9	○		直販	○					15,750	1978年4月22日	○
	85	○		直販						25,200		
	27	○		直販						45,360	1953年4月22日	○
	11			新聞店/直販						76,800	1980年7月12日	○
	98	○		配達/一部地方郵送		○	自社,日経テレコン,Factiva,ELNET			107,100	1928年7月19日	○
	39	○		日本経済新聞販売所より個別配送		○	ELNET			100,800	1949年7月15日,1961年7月7日国鉄特別取扱	○
	15	○		宅配						97,020	1966年12月14日	
				直販						7,800	1953年11月4日	○
	10			予約直販						14,700	1968年1月23日	○

タイトル	産業分類	創刊年	サイズ	発刊頻度	ページ数	企業・団体	業界・市場	統計・データ	法律・特許	会社経営	人物
日本屋根経済新聞	D	1973年8月28日	タブロイド	旬刊	8-20	○	○	○	○		
福島建設工業新聞	D	1968年11月1日	ブランケット	週3回	4-8	○	○			○	
北海道建設新聞	D	1958年6月	ブランケット	日刊	10-20	○	○	○		○	
北海道住宅新聞	D	1984年5月5日	タブロイド	旬刊	8	○	○	○			
建通新聞大阪	D	1989年5月15日	タブロイド	日刊	10	○	○			○	
建通新聞岡山	D	1986年5月16日	タブロイド	週3回	8	○	○			○	
建通新聞香川	D	1959年10月	タブロイド	週2回	8-12	○	○			○	
建通新聞神奈川	D	1972年4月	ブランケット	日刊	4-6	○	○			○	
建通新聞静岡	D	1952年6月	タブロイド	週3回	8-10	○	○			○	
建通新聞中部	D	1963年2月	ブランケット	日刊	8	○	○			○	
建通新聞東京	D	1980年4月	ブランケット	日刊	8	○	○			○	
建通新聞徳島	D	1959年10月	タブロイド	週2回	8-10	○	○			○	
新建ハウジング	D	1995年3月31日	タブロイド	旬刊	16-24	○	○	○		○	
大分建設新聞	D	1983年8月	ブランケット	日刊	4-	○	○				
長崎建設新聞	D	1977年12月	タブロイド	週4回	8-16	○	○				
日本住宅新聞	D	1974年10月	タブロイド	月4回	12-20	○	○	○		○	
日本工業経済新聞［茨城版］	D	1954年	ブランケット	日刊	4-10	○	○				
D&D（デザイン&データ）	D	1990年4月1日	タブロイド	季刊	12-16	○	○	○		○	
工務店新聞	D	2005年3月10日	タブロイド	月2回	12-20	○	○			○	

技術製品商品	起業就職資格	新聞原紙の主な内容	広告なし	製品広告	企業広告	イベント	出版情報	紙面構成の見出し有無
○	○	新設住宅着工推移, 工業統計, イベント情報, 親方の疑問		○	○		○	2面；工場, 3面；製造で固定
○		入札速報, 発注見通し, 民間住宅受注情報, 公共事業発注実績		○	○			
○		全道の建築確認件数, 人事, 公告・指名, 工事・委託情報, 入札参加指名業者, 人事		○	○			
○		住宅着工戸数, 道内自治体が用意する住宅関係補助金一覧			○			
		入札情報, 入札結果, 民間建築ガイド, 大阪府の動き, 不動産取得情報, 大阪と近畿の情報		○	○	○		
○		民間建築ニュース, 入札情報, 受注ファイル, 総合ニュース		○	○			
○		公示・公告情報, 国土交通省の動き, 四国地域経済の概要, 民間建設情報, 新製品・工法		○	○			
○		民間開発ニュース, 民間情報ダイジェスト, 入札情報, 人事			○		○	固定ではないが, 2面；神奈川, 川崎, 三浦, 相模原, 県央, 湘南, 西湘, 3面；入札情報, 4面；民間開発ニュース
	○	人事, 入札情報, 民間施工者公募		○	○			固定ではないが東部版, 中部版, 西部版に分かれている
○		人事異動, 入札情報, 企業短信, 公示・公告, 民間受注ファイル		○	○		○	固定ではないが, 2面；岐阜, 3面；三重, 4面；愛知, 名古屋, 5面；三河
○		主要資材価格動向, 入札情報, 国土交通省の動き, 民間公募, 民間工事ニュース, 民間建築速報		○	○		○	固定ではないが, 23区・多摩, 土地開発, 民間工事, 民間公募, 入札情報
○		予算, 民間・情報ニュース, 官庁人事, 入札情報, 経済・業界ニュース		○	○			2012年4月から1面；最新ニュース, 3面には4県情報を網羅した民間総合版
○		マーケティング, 工務店経営, 住宅着工データ, 市況, イベントガイド, リフォーム		○	○	○	○	
○		人事異動, 入札速報, 建築情報, 入札参加資格一覧		○	○			
○		九州地方整備局の人事異動, 県内建築確認設計者リスト, 長崎県認定リサイクル製品一覧, 公告, 入札結果, 入札予報, 県内建築確認施工者リスト		○	○			
○		新築着工統計, 社説, 講習会・セミナー情報, 新製品・注目商品		○	○	○		
○		人事異動, 入札情報, 建設資材単価表, 民間工事情報, 発注見通し		○	○			
○		工務店支援, リフォーム件数, 設備		○	○	○		
○		集まれ！アイデア商品, 住まいの意識調査, 海外市場データ, 住宅メーカー情報, 工務店経営業績アップ！コンサルティング		○	○			

タイトル	発行母体名	発行母体の形態	出版地	新聞以外の出版物
日本屋根経済新聞	日本屋根経済新聞社	新聞社	東京	屋根工事業リポート, 日本屋根工業名鑑
福島建設工業新聞	福島建設工業新聞社	新聞社	福島	
北海道建設新聞	北海道建設新聞社	新聞社	北海道	北海道建設年鑑
北海道住宅新聞	北海道住宅新聞社	新聞社	北海道	健康住宅づくりIesu
建通新聞大阪	建通新聞社大阪支社	新聞社	大阪	
建通新聞岡山	建通新聞社岡山支社	新聞社	岡山	
建通新聞香川	建通新聞社四国支社	新聞社	香川	
建通新聞神奈川	建通新聞社神奈川支社	新聞社	神奈川	
建通新聞静岡	建通新聞社静岡支社	新聞社	静岡	
建通新聞中部	建通新聞社中部支社	新聞社	愛知	
建通新聞東京	建通新聞社東京支社	新聞社	東京	
建通新聞徳島	建通新聞社四国支社	新聞社	香川	
新建ハウジング	新建新聞社	新聞社	東京	住宅白書2013, リノベーション・ジャーナル
大分建設新聞	大分建設新聞社	新聞社	大分	
長崎建設新聞	建設新聞社	新聞社	長崎	建設新聞-佐賀
日本住宅新聞	日本住宅新聞社	新聞社	東京	
日本工業経済新聞[茨城版]	日本工業経済新聞社	新聞社	水戸	
D&D（デザイン&データ）	日本住宅新聞社	新聞社	東京	快適な住宅づくり改・省エネ基準Q&A, 改訂新版 木造住宅 建築コストダウン
工務店新聞	リフォーム産業新聞社	新聞社	東京	住宅リフォーム市場データブック

発行母体が行う行事	従業員数・人	日本専門新聞協会加盟	日本新聞協会加盟	流通・販売	縮刷版の有無	データベースの有無	データベース提供元	CD・DVD	デジタル版	年間購読料・円	第三種郵便物	ウェブサイトの有無
	10			直販						22,000	1973年 10月16日	
	26	○		直販						69,600	1969年 1月10日	○
	127	○		予約直販		○	自社	○		104,400	1958年 6月27日	○
	4			直販						37,800	1993年 1月11日	○
		○		直販/新聞販売店より宅配		○	自社, 日経テレコン			81,600	1989年 5月29日	
		○		直販		○	自社, 日経テレコン			69,600	1986年 7月14日	
		○		直販		○	自社, 日経テレコン			54,000	1959年 11月28日	
		○		直販/新聞販売店より宅配		○	自社, 日経テレコン			73,200	1972年 6月3日	
		○		直販/新聞販売店より宅配		○	自社, 日経テレコン			60,000	1952年 7月30日	
		○		直販/新聞販売店より宅配		○	自社, 日経テレコン			79,800	1963年 3月25日	
		○		直販/新聞販売店より宅配		○	自社, 日経テレコン			78,000	1980年 6月18日	
		○		直販		○	自社			54,000	1982年 4月8日	
	85	○		直販						25,200	1995年 6月30日	○
		○		直販						88,200	1985年 10月1日	
	46	○		直販						75,600	1984年 6月12日	○
	11			直販						17,000	1976年 1月21日	○
		○		直販						75,600	1966年 12月14日	○
	11			直販						2,600	1976年 1月21日	○
	20			直販						14,000	2006年 2月22日	○

タイトル	産業分類	創刊年	サイズ	発刊頻度	ページ数	企業・団体	業界・市場	統計・データ	法律・特許	会社経営	人物
リフォーム産業新聞	D	1987年10月	タブロイド	週刊	16-48	○	○			○	
東京室内装飾新聞	D	1966年9月	タブロイド	月刊	8	○	○		○	○	
東京と緑	D	1982年	タブロイド	隔月	4	○				○	
ナイスビジネスレポート	D	1950年	タブロイド	月2回	2-4	○				○	
HJ(ヘルスフードジャーナル)健康食品新聞	E	2002年6月1日	ブランケット	週刊	6-12	○	○	○		○	
JMニュース（惣菜産業新聞）	E	1977年8月1日	タブロイド	隔月	8-12	○	○	○	○		
アイスクリーム流通新聞	E	2001年4月5日	タブロイド	旬刊	16	○					
菓業食品新聞	E	1949年9月	タブロイド	月2回	8-16	○	○	○		○	
菓子飴新聞	E	1911年4月	タブロイド	週刊	6	○	○	○		○	
菓子工業新聞	E	1960年4月	タブロイド	月刊	12	○	○	○		○	
菓子食品新報	E	1926年4月	タブロイド	週刊	8	○	○				
かまぼこ新聞	E	1970年9月	タブロイド	月刊	8	○	○	○		○	
食品化学新聞	E	1964年5月1日	ブランケット	週刊	10	○	○	○	○		
食品新聞	E	1962年	ブランケット	隔日刊	8-16	○	○			○	
水産煉製品新聞	E	1948年9月	タブロイド	月刊	12	○	○	○		○	
製菓時報	E	1911年2月	ブランケット	週刊	4-8	○	○	○		○	
全国乾麺新聞	E	1958年	タブロイド	月刊	4	○	○	○	○		
中部飲食料新聞	E	1947年	タブロイド	週刊	8-50	○	○	○		○	
帝飲食糧新聞	E	1901年3月	タブロイド	週刊	12-40	○	○	○		○	

技術・製品・商品	起業・就職・資格	新聞原紙の主な内容	広告なし	製品広告	企業広告	イベント	出版情報	紙面構成の見出し有無
○		ハウスメーカー・ニュース, 紳士録, 書籍紹介, テーマ別ノウハウ最前線, 住宅設備・建材メーカー会社情報		○	○		○	
○		団体の活動内容, 品質表示, 各種研修, これからの行事		○	○			
		人事異動, 事務局の動き, 造園雑感, 東京都公園関係事業					○	
○		新商品紹介, 省エネ動向, メーカー情報, 人事		○	○			
○		素材再発見, 周辺素材動向, トップに聞く, 話題の焦点		○	○			
		協会の動き, 中食・外食データ, 惣菜管理士訪問, 食品表示		○	○	○		
○		新商品紹介, 人事, 決算, 機器紹介		○	○			
○		有力百貨店売れ筋結果, 菓子生産量・生産金額及び小売金額推定, ジャンル別生産動向, 流通記者会加盟紙		○	○			
○		新商品紹介, 人事, 決算, マンスリーレポート		○	○		○	
○		菓子生産量・生産金額, 行事予定, 協会の活動報告, お菓子のレシピ		○	○			
○		業界動向, 新商品紹介						
○		すり身輸入量, 東京都中央卸市場製品取扱高, 練り製品生産量, 新商品紹介, 人事		○	○			
○		注目製品, 食品技術士リレーシリーズ, 食品添加物相場表, 厚生労働省の動き, 放射性基準		○	○			
○		環境対応業, 主要メーカー近況, 食品・営業トップに聞く, 人事, 新商品紹介		○	○			
		かまぼこ製造・副資材斡旋価格一覧, 冷凍すり身生産動向, 食料品産業動向調査		○	○		○	
○	○	月度ベスト10, 注目商材, 菓子生産量・生産金額及び小売金額, 専門学校の卒業式, 成績優秀者, 菓子11品目における前年同月対比		○	○	○		
		人事, めんの都道府県庁所在別1世帯当たり支出金額, 麦加工食品の生産量, 乾麺の生産量, 組合の活動内容紹介		○	○			
○		菓子統計, 新商品紹介, 人事異動と組織変更, 外食産業統計, 中京地区市場の種類・食品卸の概要, 発刊日によって違うが, 総合版以外に, 市況版, 小売版, 特集版		○	○			
○		新商品紹介, 業界短信, 販売計画		○	○			

タイトル	発行母体名	発行母体の形態	出版地	新聞以外の出版物	
リフォーム産業新聞	リフォーム産業新聞社	新聞社	東京	住宅リフォーム市場データブック	
東京室内装飾新聞	東京室内装飾事業協同組合	団体	東京	室内装飾からインテリアへ──インテリア業界の変遷	
東京と緑	東京都造園緑化業協会	団体	東京	東京都緑化白書	
ナイスビジネスレポート	ナイス経済研究センター	企業	神奈川		
HJ(ヘルスフードジャーナル)健康食品新聞	食品化学新聞社	新聞社	東京	別冊フードケミカル11 乳化剤・増粘安定剤総覧, 食品添加物・素材市場レポート, セラミドー基礎と応用ー	
JMニュース(惣菜産業新聞)	日本惣菜協会	団体	東京	惣菜白書2013年版, 30年のあゆみ	
アイスクリーム流通新聞	アイスクリーム流通新聞社	新聞社	東京	ICE CREAM DATA BOOK	
菓業食品新聞	菓業食品新聞社	新聞社	大阪		
菓子飴新聞	菓子飴新聞社	新聞社	愛知		
菓子工業新聞	全国菓子工業組合連合会	団体	東京		
菓子食品新報	菓子食品新報社	新聞社	東京		
かまぼこ新聞	食品経済社	新聞社	千葉	ハム・ソーセージ年鑑, 蒲鉾年鑑	
食品化学新聞	食品化学新聞社	新聞社	東京	別冊フードケミカル11 乳化剤・増粘安定剤総覧, 食品添加物・素材市場レポート, セラミドー基礎と応用ー	
食品新聞	食品新聞社	新聞社	大阪	全国食品会社名鑑, 日本チェーンストア名鑑	
水産煉製品新聞	全国蒲鉾水産加工業協同組合連合会	団体	東京	かまぼこなんでもバイブル	
製菓時報	週刊製菓時報	新聞社	大阪		
全国乾麺新聞	全国乾麺協同組合連合会	団体	東京	乾めん入門	
中部飲食料新聞	中部飲食料新聞社	新聞社	愛知		
帝飲食糧新聞	帝国飲食料新聞社	新聞社	大阪		

発行母体が行う行事	従業員数・人	日本専門新聞協会加盟	日本新聞協会加盟	流通・販売	縮刷版の有無	データベースの有無	データベース提供元	CD・DVD	デジタル版	年間購読料・円	第三種郵便物	ウェブサイトの有無
セミナー開催	20			直販						19,500	1989年9月8日	○
セミナー開催				直販						2,400	1966年12月24日	○
				会員配布	○					0		○
				関係先配布						0		○
	25			直販						21,000	2003年9月20日	○
				会員・関係先配布						6,120		○
	7			直販						15,750		
				直販						8,400	1966年7月2日	○
	6			直販						24,000	1947年8月5日	○
				直販/会員配布（全国47都道府県菓子工業組合会員）						2,000	1989年2月9日	
	20			直販						80,000		
				直販						7,200		
	25			直販						35,280	1964年10月20日	○
	50			直販		○	ELNET			64,839	1947年1月30日	
				直販/関係先配布						5,100	1950年7月7日	○
			○	直販						18,000	1948年6月1日	
				会員配布/直販						3,600	1958年11月11日	○
	12			直販						12,000	1948年4月25日	
	11			直販						12,600	1950年4月3日	○

タイトル	産業分類	創刊年	サイズ	発刊頻度	ページ数	企業・団体	業界・市場	統計・データ	法律・特許	会社経営	人物	
トーヨー新報	E	1958年8月1日	ブランケット	旬刊	8-24	○	○	○		○		
日本加工食品新聞	E	1963年4月	ブランケット	月刊	4-8	○	○			○		
日本食品新聞	E	1961年	タブロイド	月刊	12-24	○						
日本そば新聞	E	1951年6月	タブロイド	月刊	8	○						
日本パン菓子新聞	E	1947年3月	B5	月刊	70-120	○				○		
パンニュース	E	1951年2月	タブロイド	旬刊	20-92	○	○	○		○	○	
日蜂通信	E	1956年	タブロイド	年10回	4	○	○	○		○		
ベーカーズタイムス	E	1950年10月	タブロイド	月刊	16-28	○	○			○		
麺業新聞	E	1959年8月28日	タブロイド	週刊	8-12	○	○	○	○	○		
冷食タイムス	E	1970年4月	ブランケット	週刊	4	○	○	○		○		
冷凍食品新聞	E	1969年3月	ブランケット	週刊	4-8	○	○	○		○		
週刊醸界通信	E	1969年4月1日	タブロイド	月2回	16	○	○					
醸界協力新聞	E	1947年	ブランケット	旬刊	4	○	○	○		○		
全国牛乳新聞	E	1964年	ブランケット	隔月	4	○	○	○		○	○	
日本和洋酒罐詰新聞	E	1904年2月	タブロイド	旬刊	12	○	○	○				
日本醸界新聞	E	1936年	ブランケット	旬刊	4-16	○	○			○		
醸界新報	E	1946年5月	ブランケット	週刊	4	○	○	○		○		

技術・製品・商品	起業・就職・資格	新聞原紙の主な内容	広告なし	製品広告	企業広告	イベント	出版情報	紙面構成の見出し有無
○		羅針盤（社説），関係団体の動き，海外の動向，新商品紹介，1世帯当り家計支出金額		○	○		○	
		食肉加工生産量，ハム・ソーセージ輸入量，チェーンストア販売概況，人事異動		○	○		○	
○		加工食品の業界動向，新商品紹介						
○		業界動向，新商品紹介						
○		新商品紹介，人事，メーカー情報						
○		製パン講習会，今評判のスイーツ，商品情報，人事異動，海外の情報		○	○		○	1面；業界のホットな話題を中心に業界のいまを伝える，2面；業界関連のニュースを密着レポート，3面；機械や材料の新しい動きをフォロー，4面；「キラリ輝くベーカリー」，5面；話題の店の魅力に迫る，6・7面；パンの生産量，1世帯の支出金額データ，8・9面；アメリカ、ヨーロッパ、アジアなど海外情報，10—13面；全国の講習会をレポート、詳細なレシピ掲載，14—16面；全国の講演会をレポート、業界動向を掲載，17面；パン・菓子の新製品をきめ細かに網羅，18面；新開発の機械，素材を紹介，19面；講習会や講演会など催し物のお知らせコーナー，20面；「ヒント商品発見」
		協会の活動紹介，養蜂業被害調査		○	○			
○		団体の活動，コンテスト情報，人事異動，新製品＆告知		○	○		○	
○		麺用添加物簡易一覧表，食品表示，製粉各社・小麦粉改定額，小麦粉生産額の動向，麺類生産動向，商品の紹介		○	○	○	○	
○		機構・人事，海外の動向，トップインタビュー，冷凍食品の品目別国内生産量，輸入量・輸出量		○	○		○	
○		社説，新商品紹介，人事，冷凍食品の品目別国内生産量		○	○		○	
○		ビール系飲料の課税移出数量，ビール3社の業績，洋酒課税移出数量，新商品紹介		○	○			
○		時評（社説），販売状況，今後の商談予定，新商品紹介		○	○			
○		牛乳乳製品生産量，酪農学園大学の情報，新商品紹介，団体の動き		○	○			
○		企業の業績，メーカー別課税数量，新商品紹介		○	○			
○		新商品紹介，人事異動，清酒課税移出量の推移，清酒の輸出状況，酒類鑑評会優等賞受賞蔵元		○	○			
○		社説，組織変更と人事，新商品紹介，号によっては市場動向調査がある		○	○			

タイトル	発行母体名	発行母体の形態	出版地	新聞以外の出版物	
トーヨー新報	トーヨー新報	新聞社	京都	豆腐年鑑	
日本加工食品新聞	食品経済社	新聞社	千葉	ハム・ソーセージ年鑑, 蒲鉾年鑑	
日本食品新聞	日本食品新聞社	新聞社	東京	全国珍味商工名鑑	
日本そば新聞	日本そば新聞社	新聞社	東京		
日本パン菓子新聞	日本パン菓子新聞社	新聞社	東京	速報・製パン情報	
パンニュース	パンニュース社	出版社	東京	新しい製パン基礎知識, ヴィヴ・ラ・バゲット, ドイツのパン技術詳論, 基礎から学ぶ洋菓子づくり, ポワラーヌのパン料理	
日蜂通信	日本養蜂はちみつ協会	団体	東京	日本の蜜源植物	
ベーカーズタイムス	ベーカーズ・タイムス社	新聞社	大阪	リテイル白書, ベーカリー販売員の基礎の基礎, パンペルデュ100選	
麺業新聞	麺業新聞社	新聞社	東京	麺業年鑑, 製麺機器資材ガイド	
冷食タイムス	水産タイムズ社	新聞社	東京	冷凍食品業界要覧, 食品工場改善入門, 水産業とイノベーション戦略	
冷凍食品新聞	冷凍食品新聞社	新聞社	東京	冷凍食品年鑑, 日本の冷凍食品	
週刊醸界通信	醸界通信社	新聞社	兵庫	醸界春秋	
醸界協力新聞	醸界協力新聞社	新聞社	宮城		
全国牛乳新聞	全国牛乳商業組合連合会	団体	東京		
日本和洋酒罐詰新聞	日本和洋酒罐詰新聞社	新聞社	東京		
日本醸界新聞	醸界インターメディア 日本醸界新聞社	新聞社	東京		
醸界新報	醸界新報社	新聞社	大阪		

発行母体が行う行事	従業員数・人	日本専門新聞協会加盟	日本新聞協会加盟	流通・販売	縮刷版の有無	データベースの有無	データベース提供元	CD・DVD	デジタル版	年間購読料・円	第三種郵便物	ウェブサイトの有無
	7			直販				○		14,700	1958年9月27日	○
				直販						8,400		
				直販						9,800		○
				直販						2,400	1952年	
				直販						18,375		○
	12			直販						19,800	1950年9月5日	○
	3			直販/会員配布						3,600	1957年12月6日	○
講習会				直販						12,600		○
	9			直販						28,350	1962年9月25日	○
	10			直販		○	自社, 日経テレコン			35,280	1970年7月9日	○
	8			直販						35,280	1969年6月19日	○
				直販						4,000	1969年10月25日	○
	2			直販						13,650	1947年7月12日	
				会員配布/直販						2,040	1965年5月15日	○
				直販						7,875	1949年9月30日	
				直販						19,950	1936年8月28日	○
				直販						12,600	1946年7月1日	

タイトル	産業分類	創刊年	サイズ	発刊頻度	ページ数	企業・団体	業界・市場	統計・データ	法律・特許	会社経営	人物
ガスライタータイムス	E	1963年	タブロイド	月2回	8-20	○					
全国たばこ新聞	E	1961年	タブロイド	月刊	8-16	○					
緑新聞	E	1967年	タブロイド	月2回	8-12	○					
The Beautrec	E	1980年	タブロイド	月刊	28	○				○	
アパレル工業新聞	E	1985年4月15日	ブランケット	月刊	10-12	○	○	○		○	
コットンプロモーション	E	1956年3月	タブロイド	季刊	4	○	○				
繊研新聞	E	1950年	ブランケット	日刊	14	○	○	○		○	
日本服装付属品新聞	E	1962年	ブランケット	月刊	8-18	○	○		○	○	
日本和裁新聞	E	1979年	タブロイド	隔月	6-12	○				○	
釦手芸裁縫新聞	E	1956年	ブランケット	月2回	4-6	○	○			○	
洋装産業新聞	E	1952年	ブランケット	月2回	12	○	○	○		○	
木材工業新聞	E	1946年	タブロイド	週刊	4	○	○	○			
オフィス家具新聞	E	1966年	タブロイド	月刊	6-20	○	○	○		○	
家具新聞	E	1955年4月	ブランケット	旬刊	4	○	○			○	
宗教工芸新聞	E	1985年10月1日	タブロイド	月刊	28-40	○	○				
合成紙新聞	E	1970年	タブロイド	月2回	4	○	○				
紙之新聞	E	1946年	ブランケット	週2回	2	○	○			○	
紙業新聞	E	1936年	タブロイド	週刊	4	○	○			○	
紙業新報	E	1967年10月	タブロイド	旬刊	4	○	○	○		○	
紙業日日新聞	E	1918年9月	タブロイド	週刊	4	○	○	○		○	
段ボール事報	E	1976年	ブランケット	旬刊	4-6	○	○	○		○	
段ボール週報	E	1963年	ブランケット	月刊	2	○	○	○		○	

技術・製品・商品	起業・就職・資格	新聞原紙の主な内容	広告なし	製品広告	企業広告	イベント	出版情報	紙面構成の見出し有無
○		新商品紹介, 人事, メーカー情報		○	○			
		たばこ業界の動向, 組合の活動報告						
○		たばこ, 葉巻, パイプたばこ, 喫煙具など新商品, 人事						
○		タキガワ教育インフォメーション, NEWS, トップクリエイターが選ぶこだわりの1冊, トレンドは綺麗のスパイス!		○	○			
○	○	関連団体の動き, 流通からの提言, ファッション専門教育機関, 服作りを生きる		○	○			
		イベント情報, トレンド情報	○					
○		人事・機構, アパレル, 素材, 月間報告, 日誌, 記者の目		○	○	○	○	
○		手編毛糸傾向, 新刊紹介, いま現場では, 百貨店婦人服販売ルポ, 役員人事		○	○		○	
		和裁業界の動向, 支部の様子がわかる	○					
○		行事予定, 貿易額, 人事, 日本手芸普及協会の様子		○	○			
○		イベントのお知らせ, 売場情報, 新製品紹介		○	○			
		工法別着工戸数比較, 木材相場, 建材相場, 海外の動向						
○		製品れぽーと, 金属家具統計, 人事異動		○	○			
○		新製品紹介, 人事, 書評, 展示会案内		○	○			
○		業界短信, 商業統計表宗教用具小売, イベント情報, 仏壇史, 新商品紹介		○	○	○		
○		新商品紹介, 人事, 各社動向		○	○			
		企業の業績, 海外の動向, この人に聞く, 新刊案内					○	
○		紙・板紙需要実績, 新商品紹介, 各社人事・機構改革			○			
○		各社の業績, 人事及び組織変更, アメリカ一般市況, 欧州市況		○	○			
○		紙・板紙海外動向, 主要業者古紙需要, 貿易動向		○	○			
○		段ボール出荷動向, 紙・板紙海外動向, 役員人事, 段ボール統計月報		○	○			
		紙・板紙需要, 人事, 業界動向		○	○			

タイトル	発行母体名	発行母体の形態	出版地	新聞以外の出版物
ガスライタータイムス	ガスライタータイムス社	新聞社	東京	
全国たばこ新聞	全国たばこ販売協同組合連合会	団体	東京	全国たばこ販売協同組合連合会史
緑新聞	緑新聞	新聞社	東京	国産オイルライターのすべて, 随想録　たびびと, 二番星は二度輝く
The Beautrec	ザ・ビューレック社	新聞社	東京	エステティック用語辞典
アパレル工業新聞	アパレル工業新聞社	新聞社	東京	服づくり大全
コットンプロモーション	日本綿業振興会	団体	大阪	コットン・テキスト, もめんのおいたち
繊研新聞	繊研新聞社	新聞社	東京	増補版ファッション新語辞典, 新繊維総合辞典, 新鮮!ファッションビジネス入門
日本服装付属品新聞	日本服装付属品新聞社	新聞社	大阪	
日本和裁新聞	日本和裁士会新聞出版局	団体	東京	
釦手芸裁縫新聞	釦手芸裁縫新聞社	新聞社	東京	
洋装産業新聞	洋装産業新聞社	新聞社	大阪	
木材工業新聞	木材工業新聞社	新聞社	愛知	
オフィス家具新聞	近代家具出版	出版社	東京	月刊近代家具
家具新聞	家具新聞社	出版社	東京	家具年鑑, 家具企業便覧, 家具インテリアビジネスガイド
宗教工芸新聞	宗教工芸社	新聞社	神奈川	
合成紙新聞	合成紙新聞社	新聞社	東京	
紙之新聞	紙之新聞社	新聞社	東京	紙の銘柄集, 紙之新聞30年のあゆみ
紙業新聞	紙業新聞社	新聞社	東京	紙パルプ会社名鑑
紙業新報	紙業新報社	新聞社	東京	
紙業日日新聞	紙業日日新聞社	新聞社	東京	
段ボール事報	段ボール事報社	新聞社	東京	
段ボール週報	包装経済新聞社	新聞社	兵庫	

発行母体が行う行事	従業員数、人	日本専門新聞協会加盟	日本新聞協会加盟	流通・販売	縮刷版の有無	データベースの有無	提供元 データベース	CD・DVD デジタル版	年間購読料:円	第三種郵便物	ウェブサイトの有無
	6			直販					8,000		○
				会員関係先配布					1,008		○
	5			直販				○	10,000		○
				直販					2,400		○
	2			直販					7,350	1986年9月16日	○
				会員・関係先配布/非売品					0		○
	180			ASAより宅配		○	Factiva, G-Search, ELNET	○	47,700	1950年10月2日	○
				直販					8,000	1967年4月19日	
				直販					3,600	1979年11月1日	○
				直販					7,000	1956年7月18日	
				直販					15,000		○
	5			予約直販					41,040	1947年5月15日	
視察ツアー	8			直販					10,500	1966年10月28日	○
	5			直販	○				18,900	1966年6月13日	○
				直販					15,750	1987年1月23日	
				直販					12,000		
	7			直販					37,800	1936年5月18日	○
	7			直販					42,000	1936年11月11日	
				直販					50,400		
	12			直販					3,500	1949年3月15日	
				直販					21,000	1976年3月30日	
				直販					42,000	1964年2月2日	

タイトル	産業分類	創刊年	サイズ	発刊頻度	ページ数	企業・団体	業界・市場	統計・データ	法律・特許	会社経営	人物
日本製本紙工新聞	E	1972年11月	ブランケット	月2回	4-16	○	○	○		○	
印刷ジャーナル	E	1994年11月15日	ブランケット	旬刊	8-40	○	○	○		○	
印刷新報	E	1958年	ブランケット	週刊	6-8	○	○	○		○	
印刷タイムス	E	1958年	ブランケット	旬刊	8	○	○			○	
包装機械新聞	E	1967年7月	ブランケット	月刊	10-40	○	○	○		○	
包装タイムス	E	1966年9月	ブランケット	週刊	12	○	○	○		○	
ラベル新聞	E	1969年6月1日	ブランケット	月2回	10-12	○	○	○		○	
プリテックステージニュース	E	1964年	A3	旬刊	8	○	○			○	
エアゾール＆受託製造産業新聞	E	1967年4月	ブランケット	旬刊	8-10	○	○	○	○	○	
化学工業日報	E	1937年2月	ブランケット	日刊	12	○	○	○		○	
塗料界新報	E	1957年5月	ブランケット	週刊	4-8	○	○	○		○	
塗料報知	E	1924年4月1日	ブランケット	週刊	4-12	○	○	○		○	
油業報知新聞 油脂版	E	1987年	タブロイド	週刊	8	○	○	○		○	
エンプラニュース	E	1985年7月	タブロイド	月刊	12-20	○	○	○		○	
フォームタイムス	E	1957年	ブランケット	月2回	4-8	○	○	○			
プラスチック産業資材新聞	E	1968年9月	タブロイド	月2回	4-8	○	○	○		○	
ポリオフィレン時報	E	1956年12月	タブロイド	旬刊	8-40	○	○	○		○	

技術・製品・商品	起業・就職・資格	新聞原紙の主な内容	広告なし	製品広告	企業広告	イベント	出版情報	紙面構成の見出し有無
○		展示会情報, 新刊発行データ, ユーザーガイド現場をサポートする資機材業者		○	○	○		
○		信用情報, 新製品紹介, 会社情報, 展示会情報		○	○			
○		新商品紹介, 人事, 設備投資動向調査, 矢野経済研究所調査		○	○			
	○	新製品紹介, 連載指導慶福税理士法人, 展示会情報, 人事異動		○	○			
○		包装機械統計, 海外の動向, 新製品紹介, 人事		○	○			
○		食品包装関連, 外装関連, 包装システム, 印刷加工機材, 工場ルポ, 社長インタビュー, 業界情報		○	○			固定ではないが, 食品包装関連, 外装関連, 放送システム, 印刷コンバーティング機材, エコロジー, 統計・アンケート, 特集
○		業界短信, 人事・機構改革, ブランドオーナー探訪		○	○			2・3面；企業・資機材, 4面；団体・行政, 5面；展示会, 6面；海外, 7・8面；イベント
		新商品紹介, 展示会情報, 特集		○	○	○		
○		公開特許速報, 新製品紹介, 一般受託製造業欄, エアゾール製品生産数量調査表		○	○			
○	○	社説, 化学工業統計速報, 機構と人事, 需要予測, 工場ルポ, 図書ガイド, 主要化学品相場		○	○		○	固定ではないが, 基礎・石油・自動車・機能材料, ファイン・スペシャリティ, エレクトロニクス, 流通ビジネス, 医療・ライフ＆コンシューマー, 環境, 機械・エンジニアリング
○		公共工事設計労働単価, 建築用仕上塗材生産数量, 組織改正と人事異動, この人に聞く		○	○			
○		催し物案内, 塗料生産・出荷・在庫数量及び平均単価表, 商品紹介, 人事異動		○	○	○		
○		都道府県別灯油販売, 社説, 石油先物取引価格, 全国用途別ガス販売量		○	○			
○		社長インタビュー, 原材料統計速報, 新商品紹介		○	○	○		
○		ウレタンフォーム生産・出荷実績, 発砲スチレンシート出荷実績, ポリウレタン工業の現況, 決算情報		○	○	○		
○		新製品紹介, ヘルメット販売集計表, 工場生産浄化槽の出荷統計, FRP用途別出荷統計, 舟競工業の現状		○	○			
○		新商品紹介, OPPフィルム出荷実績, CPPフィルム出荷実績, プラスチック原料と製品の物価指数		○	○			

タイトル	発行母体名	発行母体の形態	出版地	新聞以外の出版物	
日本製本紙工新聞	印刷出版研究所	出版社	東京	プリントソリューション, フレキソ印刷ハンドブック FTAJ創立25周年記念出版, 最新印刷料金マニュアル	
印刷ジャーナル	印刷時報	出版社	大阪		
印刷新報	印刷出版研究所	出版社	東京	プリントソリューション, フレキソ印刷ハンドブック FTAJ創立25周年記念出版, 最新印刷料金マニュアル	
印刷タイムス	印刷之世界社	新聞社	大阪		
包装機械新聞	日本包装機械工業会	団体	東京	包装・荷造機械の安全基準, 包装機械及び荷造機械生産・輸出入統計資料, 包装機械とメカニズム	
包装タイムス	日報アイ・ピー	出版社	東京	パッケージデザイン総覧, 包装関連機器カタログ集	
ラベル新聞	ラベル新聞社	新聞社	東京	日本のラベル市場, Labels & Labeling	
プリテックステージニュース	ニュープリンティング	出版社	東京	デジタル・メディアソリューションズ	
エアゾール&受託製造産業新聞	エアゾール産業新聞社	新聞社	東京	エアゾール包装技術-その基礎から応用まで, エアゾール市場要覧	
化学工業日報	化学工業日報社	新聞社	東京	化学経済, すぐわかる化学業界, 化学工業会社録	
塗料界新報	塗料界展望社	新聞社	東京		
塗料報知	塗料報知新聞社	新聞社	東京	塗布と塗膜, 最新・工業塗装ハンドブック, 塗料年鑑	
油業報知新聞油脂版	油業報知新聞社	新聞社	東京	新・石油読本	
エンプラニュース	プラスチック・ニュース社	新聞社	東京	プラスチック成形材料データBOOK	
フォームタイムス	フォームタイムス社	新聞社	東京		
プラスチック産業資材新聞	産業資材新聞	新聞社	東京	新版複合材料・技術総覧, FRP関連企業名鑑	
ポリオフィレン時報	ポリオフィレン時報社	新聞社	大阪		

発行母体が行う行事	従業員数:人	日本専門新聞協会加盟	日本新聞協会加盟	流通・販売	縮刷版の有無	データベースの有無	データベース提供元	CD・DVD	デジタル版	年間購読料:円	第三種郵便物	ウェブサイトの有無
	13			直販						9,450	1973年5月12日	○
	2			直販						10,000	1995年11月30日	○
	13			直販						17,850	1958年11月11日	○
	5			直販						12,000		○
				直販						2,100	1970年3月5日	○
セミナー, 展示会	80			直販						25,000	1966年9月22日	○
セミナー	8			直販						15,750	1969年9月30日	○
セミナー	5			直販						10,000	1964年7月13日	○
	7			直販						23,100	1967年6月8日	○
セミナー, 展示会, 視察	172	○		新聞販売店より宅配		○	日経テレコン, Factiva, G-Search, ELNET			138,000	1946年5月1日	○
	5			直販						10,500	1957年5月17日	○
	11	○		直販		○	日経テレコン	○		24,150	1946年9月30日	○
	45			直販						51,660	1948年7月20日	○
	3			直販						18,000		
				直販	○					29,400	1957年7月17日	
		○		直販						15,000	1968年11月5日	○
				直販						13,650	1957年3月25日	○

タイトル	産業分類	創刊年	サイズ	発刊頻度	ページ数	企業・団体	業界・市場	統計・データ	法律・特許	会社経営	人物
ゴム産業ニュース	E	2009年11月15日	タブロイド	旬刊	6-8	○	○	○		○	
ゴムタイムス	E	1946年10月	ブランケット	週刊	8-12	○	○			○	
ゴム報知新聞	E	1961年6月	タブロイド	週刊	12-20	○	○			○	
シューズポスト	E	1975年8月	タブロイド	旬刊	12-24	○	○			○	
週刊タイヤ新報	E	1972年4月	タブロイド	週刊	4	○	○	○		○	
中日フォーラム	E	1950年4月	ブランケット	旬刊	4-14	○	○				
日刊産業新聞	E	1936年2月	ブランケット	日刊	12-14	○	○	○		○	
日刊鉄鋼新聞	E	1947年	ブランケット	日刊	12	○	○	○		○	
金属産業新聞	E	1946年4月	ブランケット	週刊	8-12	○	○	○		○	
ガラス・建装時報	E	1948年12月	ブランケット	週刊	6	○	○			○	
グラスウェアータイムス	E	1973年	タブロイド	月刊	8-20	○	○			○	
メタル・リサイクル・マンスリー	E	1968年2月	タブロイド	月刊	20	○	○				
アグリゲイト	E	2002年7月15日	タブロイド	月刊	12	○	○	○			
コンクリート工業新聞	E	1964年	ブランケット	週刊	6-24	○	○	○			
セメント新聞	E	1949年	ブランケット	週刊	12	○	○	○		○	
Car&レジャー	E	1957年	ブランケット	週刊	12-26	○					
JAPAN AUTOMOTIVE NEWS	E	1959年	タブロイド	月刊	8-16	○	○				
サンデー交毎	E	1960年	ブランケット	月刊	6	○	○	○			
自動車タイムス	E	1931年10月	タブロイド	旬刊	4-5	○	○	○			

技術・製品・商品	起業・就職・資格	新聞原紙の主な内容	広告なし	製品広告	企業広告	イベント	出版情報	紙面構成の見出し有無
○		特集, 市場の見方, 展示会情報, 組合活動, 海外の動向		○	○	○		
○		タイヤ・工業用ゴム製品・機械・素材最新統計, 人事・組織改革, ニュースの視点		○	○			
○		メーカー各社の動向, ゴム企業の業績, 人事, ゴム製品生産・出荷実績確認		○	○			固定ではないが, 2・3面；総合, 4—7面；決算, 8面；全面広告, 9面；特別企画, 10面；決算, 11面；人事, 12面；全面広告, 13面；総合, 14面；統計・市況, 15面；統計
○		全履物輸入通関実績, 新発売ニュース, スポーツ企業のチーム＆契約選手ニュース, 展示会情報		○	○	○		
○		社説, 市場の動き, あなたのお店をたずねて		○	○			
○		新商品紹介, 関係団体の動き, 読書記		○	○			
○		鉄鋼関連指標, 鉄鋼商況, 国際非鉄金属相場動向, 組織と人事		○	○			固定ではないが, 1—4面；鉄鋼, 5面；地域, 6面；鉄鋼, 7面；商況, 8面；相場, 9—12面；非鉄
○		国際相場, 鉄鋼市場価格, 一般鋼材鉄スクラップ今週の動き, 非鉄金属市場価格, 人事異動, 各ブロックの様子					○	固定ではないが, 2・3面；鉄鋼, 4面；総合, 5面；地方, 6・7面；非鉄
○		日本のネジ取引国ランク, 機械, 工具, 資材の動向		○	○			1面；総合, 2面；時評, 団体, 3面から企業, 製品, 最終面；機械, 工具, 資材, ばねコーナー
○		組合情報, 社説, 自動車ガラス関連情報, サッシ情報, アルミ建装						
○		ガラス食器貿易統計, 新商品情報発信, 展示情報, 組合情報		○	○			
○		新商品紹介, 取引状況						
○		市況, トラック紹介, 骨材企業の紹介		○	○	○		
○	○	生コン景況, 生コン出荷, 建設, 受注		○	○	○		
○	○	認証取得生コンクリート会社一覧, セメント・製品・骨材関係認証取得会社一覧, 企業だより, 需給・市況, 建設需要の動向, 新卒採用見込		○	○			
○		新商品紹介, NEWSナビ		○	○			
○		生産・輸出, 国内輸出市場, 中古流通, 社名別販売数			○			
○		新車登録台数, 話題の新車レポート, ダンロップSRIスポーツの製品＆情報		○	○			
○		カーメーカーの最新オートイクイップメント, 新車情報, 都道府県別・車種別・業態別自動車数		○	○			

タイトル	発行母体名	発行母体の形態	出版地	新聞以外の出版物
ゴム産業ニュース	ゴム産業ニュース社	新聞社	大阪	
ゴムタイムス	ゴムタイムス社	新聞社	東京	ゴム産業名鑑
ゴム報知新聞	ポスティコーポレーション	新聞社	東京	シューズブック, ゴム年鑑
シューズポスト	ポスティコーポレーション	新聞社	東京	シューズブック, ゴム年鑑
週刊タイヤ新報	RK通信社	新聞社	東京	タイヤ新報・速報版
中日フォーラム	中日フォーラム	新聞社	愛知	
日刊産業新聞	産業新聞社	新聞社	大阪	転換する鉄鋼業, 近代日本の伸銅業
日刊鉄鋼新聞	鉄鋼新聞社	新聞社	東京	鉄鋼年鑑
金属産業新聞	金属産業新聞社	新聞社	東京	ねじ名鑑, ばね名鑑, ねじ・ばね用機械・工具・材料等総合カタログ, 特殊ファスナー便覧, ばね技能士名鑑
ガラス・建装時報	時報社	新聞社	大阪	
グラスウェアータイムス	グラスウェアータイムス社	新聞社	東京	
メタル・リサイクル・マンスリー	日刊市況通信社大阪本社	新聞社	大阪	日本鉄スクラップ史集成, メタルスクラップ図鑑 (改訂版)
アグリゲイト	セメント新聞社	新聞社	東京	コンクリート診断士 試験合格のポイント解説, コンクリート製品・企業便覧
コンクリート工業新聞	セメントジャーナル社	新聞社	東京	生コン年鑑
セメント新聞	セメント新聞社	新聞社	東京	コンクリート診断士 試験合格のポイント解説, コンクリート製品・企業便覧
Car&レジャー	カーアンドレジャーニュース	出版社	東京	
JAPAN AUTOMOTIVE NEWS	ジャン・コーポレーション	出版社	東京	
サンデー交毎	交通毎日新聞社	出版社	東京	世界の自動車アルバム, 東京モーターショーパーフェクトガイド
自動車タイムス	自動車タイムス社	新聞社	東京	

発行母体が行う行事	従業員数‥人	日本専門新聞協会加盟	日本新聞協会加盟	流通・販売	縮刷版の有無	データベースの有無	データベース提供元	CD・DVD	デジタル版	年間購読料‥円	第三種郵便物	ウェブサイトの有無
				宅配	○					18,000		○
	6			直販						24,150	1946年12月20日	○
	18			直販	○	○	日経テレコン		○	24,150	1961年10月25日	○
	18			直販	○	○	日経テレコン			11,550	1975年8月29日	○
	6			直販						9,100	1972年5月17日	○
	4			直販						10,000	1950年4月26日	○
	100			直販		○	日経テレコン21, G-Search, Factiva, ELNET		○	120,000	1949年12月27日	○
	95			新聞販売店より宅配		○	日経テレコン21, G-Search, ニフティ, ELNET, Factiva		○	123,800	1950年5月6日	○
				直販						15,750	1946年7月30日	○
	12			直販						12,000		○
				直販						7,000	1974年4月10日	○
				直販						26,250	1968年8月20日	
	20			直販	○					8,400	2004年5月11日	○
	12			直販		○	日経テレコン			37,000	1967年5月15日	○
	20			直販	○					39,360	1955年10月27日	○
	11			直販/首都圏のコンビニ						12,000	1970年9月2日	○
				海外直送						9,990	1966年10月5日	
	8			直販/東京新聞販売店より宅配						3,770	1962年10月27日	○
				直販						8,528	1947年8月11日	

タイトル	産業分類	創刊年	サイズ	発刊頻度	ページ数	企業・団体	業界・市場	統計・データ	法律・特許	会社経営	人物
自動車流通新聞	E	1985年	タブロイド	隔週	24-32	○	○	○		○	
日刊自動車新聞	E	1929年2月	ブランケット	日刊	10-20	○	○	○		○	
二輪車新聞	E	1959年1月	ブランケット	週刊	6	○	○	○		○	
管機連	E	1963年	タブロイド	年2回	10-14	○				○	
管材新聞	E	1976年4月	ブランケット	週刊	8-24	○	○	○		○	
機械新聞	E	1936年5月	ブランケット	週刊	8-32	○	○	○			
月刊建材	E	1954年8月31日	タブロイド	月刊	4	○				○	
産業機械新聞	E	1968年11月	タブロイド	月2回	6-12	○	○	○		○	
三和新聞	E	1952年1月15日	B4	隔月	4	○	○				
全管協ニュース	E	1981年	タブロイド	月刊	4	○	○			○	
名古屋機工新聞	E	1955年	タブロイド	月3回	8-10	○	○			○	
日装連新聞	E	1977年	タブロイド	月刊	8	○	○			○	
日本物流新聞	E	1955年4月	ブランケット	月2回	10-32	○	○			○	
全室協ニュース	E	1966年	タブロイド	隔月	8-12	○	○			○	
ホームリビング	E	1972年3月	タブロイド	旬刊	16-32	○	○				
空調タイムス	E	1960年1月	ブランケット	週刊	12	○	○	○		○	

技術・製品・商品	起業・就職・資格	新聞原紙の主な内容	広告なし	製品広告	企業広告	イベント	出版情報	紙面構成の見出し有無
○		日本自動車工業会調査, 中古車・輸入車の動向, 新製品紹介, 販売台数		○	○			
○		中古車相場情報, 今週の主な発表・会見予定, 部品各社に聞く, 整備新生代, 社説がある, 販売動向		○	○	○	○	
○		新車紹介, 組織および人事, 販売台数, バイクオークション結果		○	○		○	
		団体の活動紹介, 業界動向		○	○			
○		水道普及率, 配管工の公共事業, 主要管材製品の生産状況		○	○			
○		工作機械受注, 中国機械工具の様子, 新商品の紹介		○	○			
		団体の活動紹介, 会議など報告	○					
		建機レンタル規模別売上高, 主要建設業者の決算分析, 公共工事施工地域別受注高		○	○			
○		製品紹介, ヨーロッパ各駅停車, 随筆		○	○			
		協会の活動紹介, ニュースリーダー, 実態調査報告		○	○			
○		金属工作機械受注状況, 最近の管内総合経済動向, 新製品, 役員組織		○	○			
○		明日への提言, 業界情報, 会議録, 行事予定		○	○			
○		asia短信, 工場増設・新設マップ, 新製品情報, 映画のなかの生産機械		○	○		○	
		国土交通省の動き, 国土交通大臣表彰, 各支部の活動報告, 人事		○	○			
○	○	リビング時評（社説）, 住宅着工動向, 百貨店・量販店・ホームセンター販売動向, 木製家具品目別月次出荷動向, 採用情報		○	○			
○		企業動向, 新製品紹介, ズームアップ人点描, 冷凍機・応用製品の出荷状況		○	○			

タイトル	発行母体名	発行母体の形態	出版地	新聞以外の出版物	
自動車流通新聞	プロトコーポレーション	出版社	東京	Goo, Goo World, Goo Bike	
日刊自動車新聞	日刊自動車新聞社	新聞社	東京	自動車年鑑, 輸入車ガイドブック	
二輪車新聞	二輪車新聞社	新聞社	東京		
管機連	全国管工機材商業連合会	団体	東京		
管材新聞	商工経済新聞社	新聞社	東京		
機械新聞	商工経済新聞社	新聞社	東京		
月刊建材	東京セメント建材協同組合	団体	東京		
産業機械新聞	産業機械新聞社	新聞社	東京		
三和新聞	三和テッキ	企業	東京		
全管協ニュース	全国管洗浄協会	団体	東京		
名古屋機工新聞	名古屋機工新聞社	新聞社	愛知		
日装連新聞	日本室内装飾事業協同組合連合会	団体	東京	厚生労働省認定の技能テキストカーテン, カーペット編, 壁装, プラスチック床材編, 防炎業務講習会, 防火壁装講習会	
日本物流新聞	日本物流新聞社	新聞社	大阪	会社ガイド	
全室協ニュース	全国建設室内工事業協会	団体	東京		
ホームリビング	アイク	新聞社	東京	ホームファニシング流通企業総覧, 家具インテリア仕入れガイド2009, 家具用語事典	
空調タイムス	空調タイムス社	新聞社	東京		

発行母体が行う行事	従業員数・人	日本専門新聞協会加盟	日本新聞協会加盟	流通・販売	縮刷版の有無	データベースの有無	データベース提供元	CD・DVD	デジタル版	年間購読料・円	第三種郵便物	ウェブサイトの有無
	670			「GOO/GOO World」掲載顧客に無料送付/「オークション情報」購読者に同封/直販						9,880		○
	130	○		直販/朝日新聞専売店など一般新聞販売所より個別配達	○	○	自社, 日経テレコン, Factiva, G-Search, ELNET			67,320	1947年10月23日	○
	11			直販						12,000	1960年5月13日 国鉄特別扱承認新聞第235	○
				会員配布						0		○
	20			直販						10,000	1976年8月20日	○
	20			直販						12,000	1948年4月24日	○
				直販/会員配布						4,500	1958年6月18日	○
				直販						10,500	1969年9月20日	○
	266			関係先配布/宅配						480		○
				関係先配布/直販						3,000		○
	3			直販						8,000	1964年9月25日	○
				直販						2,400	1977年10月1日	○
	12			直販						8,400	1962年3月10日	○
				会員配布/直販						12,600		○
	12	○		直販				○		21,000	1972年5月10日	○
展示会開催	9			直販						18,000	1960年2月22日	○

タイトル	産業分類	創刊年	サイズ	発刊頻度	ページ数	企業・団体	業界・市場	統計・データ	法律・特許	会社経営	人物
サッシタイムス	E	1981年6月	タブロイド	旬刊	8-32	○	○	○		○	
産繊新聞	E	1952年8月	B5	月刊	8-32	○	○			○	
日本刃物工具新聞	E	1957年2月	ブランケット	旬刊	6-8	○	○	○			
日鳶連新聞	E	1961年2月1日	タブロイド	月刊	4	○					
ファスニングジャーナル	E	1960年3月	ブランケット	旬刊	8	○	○		○		
CLIPS（クリップス）	E	1954年4月15日	タブロイド	旬刊	4-30	○	○			○	
インフォマートニュース	E	1985年4月	タブロイド	月刊	8-12	○	○			○	
オフィスマガジン	E	1950年	タブロイド	月2回	20-24	○	○			○	
事務機ニュース	E	1970年4月1日	ブランケット	月刊	12	○	○			○	
ビジネスマシン・ニュース	E	1962年8月	タブロイド	週刊	8-12	○	○			○	
敷物新聞	E	1929年11月	A3	旬刊	6-36	○	○	○		○	○
寝装リビングタイムス	E	1926年2月	ブランケット	旬刊	6-12	○	○			○	
THE WATCH&JEWELY TODAY	E	1926年5月8日	ブランケット	月2回	4-12	○	○				
眼鏡新聞	E	1980年3月1日	タブロイド	旬刊	6-8	○				○	
時宝光学新聞	E	1967年	ブランケット	月2回	8	○	○			○	○
時計工芸新聞	E	1927年	ブランケット	月2回	4	○	○	○		○	
日本貴金属時計新聞	E	1952年	ブランケット	月2回	6	○	○	○		○	
山梨研磨宝飾新聞	E	1959年5月6日	タブロイド	月刊	10-20	○					
検査機器ニュース	E	1959年	タブロイド	月2回	6-8	○	○		○		

技術・製品・商品	起業・就職・資格	新聞原紙の主な内容	広告なし	製品広告	企業広告	イベント	出版情報	紙面構成の見出し有無
○		新設住宅着工戸数推移,機構改革・人事異動,短信,住宅建材の使用状況		○	○			
		千思万考(社説),業界昭和史,人事,行事案内						
○	○	商業販売統計,建築着工統計調査,第8類手動刃物・工具商標公報		○	○			
		活動紹介						
○		景気動向調査,公開特許サマリー目次,特許のページ,需要現場からの提案		○	○			
○		役員人事,文具統計,新商品紹介		○	○			
○		各社の決算情報,複写機の出荷実績,事例紹介,事務機器出荷実績		○	○			
○		役員人事,自主統計品目実績,需要予測,新商品紹介				○		
○		主張(社説),ニュースダイジェスト,人事異動,新商品紹介		○	○			
○		JBMIA自主統計実績予測,人事異動,海外の動向,新製品紹介		○	○			
○		社説,産地市況,マーケティング情報局		○	○			
○		短信,日寝連の動き,新商品紹介,寝具専門店奮闘記		○	○			
		団体の活動紹介,新商品紹介		○	○			
○		新商品紹介,人事,福井産地ニュース		○	○	○		
○		新商品紹介,21世紀新経営学コーナー,宝石・貴金属の動向		○	○			
○	○	貴金属地金相場旬報,色石ルース売れ筋ベスト10,貴金属製品の品位証明受付状況,専門学校の情報		○	○			
		宝石価格,新商品紹介,展示会紹介		○	○			
○		山梨県庁宝飾ニュース,山梨県水晶宝飾連合会ニュース		○	○	○		
○	○	業界の現況,新入社員のためのNDT講座,全国主要非破壊検査会社		○	○			

タイトル	発行母体名	発行母体の形態	出版地	新聞以外の出版物	
サッシタイムス	サッシタイムス社	新聞社	東京	建材情報	
産繊新聞	産繊新聞社	新聞社	大阪		
日本刃物工具新聞	日本刃物工具新聞社	新聞社	東京		
日鳶連新聞	日本鳶工業連合会	団体	東京		
ファスニングジャーナル	ファスニングジャーナル	新聞社	東京		
CLIPS（クリップス）	紙製品新聞社	新聞社	大阪		
インフォマートニュース	インフォマートジャパン	出版社	東京		
オフィスマガジン	オフィスマガジン	新聞社	大阪	文具・紙製品・事務機年鑑	
事務機ニュース	産業教育新聞社	新聞社	東京		
ビジネスマシン・ニュース	ビジネス通信社	新聞社	東京		
敷物新聞	敷物新聞社	新聞社	岡山		
寝装リビングタイムス	日本寝装新聞社	新聞社	東京	寝装・インテリアマネジメント	
THE WATCH&JEWELY TODAY	時計美術宝飾新聞社	新聞社	東京		
眼鏡新聞	眼鏡光学出版	新聞社	東京	眼鏡学ハンドブック，両眼視機能検査の基礎	
時宝光学新聞	時宝光学新聞社	新聞社	東京	JKS NEWS	
時計工芸新聞	時計工芸新聞社	新聞社	東京		
日本貴金属時計新聞	日本貴金属時計新聞社	新聞社	東京		
山梨研磨宝飾新聞	山梨研磨宝飾新聞社	新聞社	山梨		
検査機器ニュース	産報出版	出版社	東京	内外溶接材料銘柄一覧，はじめてのろう付，全国溶接銘鑑，はじめてのティグ溶接	

発行母体が行う行事	従業員数・人	日本専門新聞協会加盟	日本新聞協会加盟	流通・販売	縮刷版の有無	データベースの有無	データベース提供元	CD・DVD	デジタル版	年間購読料・円	第三種郵便物	ウェブサイトの有無
				直販						19,800	1984年9月29日	○
				直販						5,000		
	6			直販						10,000	1957年2月2日	
				会員配布						12,000	1964年	○
				直販						12,600	1960年5月26日	
	3			直販						10,500	1954年6月24日	
				直販						8,240	1991年5月7日	
				直販						12,600	1950年12月1日	○
				直販						8,820	1973年10月20日	
				直販						10,000	1965年3月24日	
	6			直販						12,000	1930年6月13日	○
	19			直販						20,400	1950年6月27日, 1965年2月19日 JR東日本特別承認新聞紙411号	○
				直販						7,500	1950年2月28日	○
	10			直販		○	自社			6,500		○
				直販						8,000		○
	1			直販						10,000	1946年12月20日	
	3			直販						7,000	1952年12月22日	
	4			業界組合・団体に配布／直販						4,000	1959年5月6日	○
国際ウエルディングショー，HUBTEC-溶接・レーザー総合技術展	28	○		直販	○					18,620	1959年12月26日	○

タイトル	産業分類	創刊年	サイズ	発刊頻度	ページ数	企業・団体	業界・市場	統計・データ	法律・特許	会社経営	人物
日本計量新報	E	1951年2月	タブロイド	週刊	8	○	○			○	○
研磨材新報	E	1977年7月	ブランケット	月刊	6-12	○	○			○	
石鹸日用品新報	E	1948年8月	タブロイド	週刊	16-32	○	○	○		○	○
週刊粧業	E	1953年	タブロイド	週刊	16	○	○	○		○	
週刊ビューロウ	E	1949年	タブロイド	週刊	8-64	○	○			○	
東京石鹸商報	E	1957年	タブロイド	月2回	8	○	○	○		○	
接着剤新聞	E	1965年1月	タブロイド	旬刊	4-20	○	○	○	○	○	
溶接ニュース	E	1948年11月	ブランケット	週刊	12	○	○	○		○	
電材流通新聞	E	1979年6月1日	タブロイド	週刊	28	○	○	○		○	
ハイテクノロジー	E	1976年10月	タブロイド	月3回	12	○					
半導体産業新聞	E	1990年	ブランケット	週刊	8-40	○	○	○		○	
原子力産業新聞	F	1956年	タブロイド	週刊	4-6	○	○	○		○	
燦	F	1976年	タブロイド	月刊	8-16	○	○				
電気産業新聞	F	1925年	ブランケット	旬刊	4-12	○	○	○		○	
電気新聞	F	1907年11月	ブランケット	日刊	12-16	○	○	○		○	
電気日日新聞	F	1923年4月1日	ブランケット	旬刊	4	○	○	○		○	
電線新聞	F	1956年4月	ブランケット	週刊	4-16	○	○	○		○	

資料　専門紙・業界紙 400 紙リスト　183

技術・製品・商品	起業・就職・資格	新聞原紙の主な内容	広告なし	製品広告	企業広告	イベント	出版情報	紙面構成の見出し有無
	○	計量計測機器生産額, 計量法の読み方社説, 新製品紹介		○	○	○	○	
○		ダイカストマシンの市況, 工作の受注状況, 工具生産状況		○	○			
	○	時評, 入社式トップ訓示, 人事異動, 新商品紹介, 月間別カテゴリーランキング, 洗剤等製品販売統計		○	○			
○		化粧品統計, 家庭用洗剤統計, 売価実態レポート, 記者の窓, 新商品紹介		○	○			
	○	生活用品・機械統計確報, 新製品情報, 人事異動, 事務機械自主統計品目別出荷実績		○	○			
	○	化学工業統計, 人事, 新商品紹介, 商品情報		○	○			
	○	接着学会の動向, 木材学会の動向, 原材料値上げ動向, 人事情報, 最近のおもな接・粘着剤関連公開特許		○	○			
	○	溶接関連統計, 決算に見る企業実績, 新製品紹介		○	○			
○		各種表彰受賞者, 全関協優良機材推奨認定品とメーカー一覧, 事業の足跡, 新製品紹介, 生産統計実績表		○	○			
○		海外ニュース, エレクトロニクス特集		○	○			
	○	海外半導体の動向, 英国ナノテク動向, 新製品, 市場動向, 工場計画		○	○		○	固定ではないが, 設備投資・工場計画, 研究開発・新技術, 新製品・市場動向電子部品・MEMS, プリント回路, 太陽電池・新エネルギー, 製造装置・部品関連, 液晶・ディスプレー
	○	わが国の原子力発電所の運転実績, 海外の動向, 原子力発電比率, 1週間の出来事		○				
	○	原子力, 電気, 省エネ, 風力発電, クリーンエネルギー自動車		○	○			
	○	電力需要, 原子力発電所の運転状況, 各電力会社の状況		○	○			
	○	電力市場ウイークリー, 人事異動, 月間ニュース, 各電力会社の動向		○	○			2面；総合, 3面；電力・エネルギー・市場, 4面；産業・技術, 5面；工事・保安, 6面；全面広告, 7面；電力・地域, 9面；総合
	○	産業用ボイラー手持受注残, メーカー別受注推移, ランキング・グラフ診断		○	○			
	○	トップインタビュー, 週間の動き, 電線市中相場, 機構改革・人事異動, 海外トピックス		○	○			

タイトル	発行母体名	発行母体の形態	出版地	新聞以外の出版物	
日本計量新報	日本計量新報社	新聞社	東京	計量計測機器総合カタログ	
研磨材新報	研磨材新報社	新聞社	東京		
石鹸日用品新報	石鹸新報社	新聞社	大阪	徒然るままに，全国日用品・化粧品業界名鑑	
週刊粧業	週刊粧業	出版社	東京	粧業日報，C&T，粧界ハンドブック	
週刊ビューロウ	全通	企業	東京		
東京石鹸商報	東京石鹸商報社	新聞社	東京		
接着剤新聞	新樹社	出版社	東京	月刊防水ジャーナル，防水材・シーリング材・塗床材ガイドブック，防水総覧	
溶接ニュース	産報出版	出版社	東京	内外溶接材料銘柄一覧，はじめてのろう付，全国溶接銘鑑，はじめてのティグ溶接	
電材流通新聞	電材流通新聞社	新聞社	大阪	西日本電材ニュース，中日電材ニュース，近畿電材ニュース	
ハイテクノロジー	電波新聞社	新聞社	東京	電子工業年鑑，エレクトロニクス用語辞典	
半導体産業新聞	産業タイムズ社	新聞社	東京	電子ディスプレーメーカー計画総覧，半導体工場ハンドブック，液晶・EL・PDPメーカー計画総覧	
原子力産業新聞	日本原子力産業協会	団体	東京	原子力発電に係る産業動向調査報告書，食品照射Q&Aハンドブック	
燦	燦	新聞社	東京		
電気産業新聞	電気産業新聞社	新聞社	東京		
電気新聞	日本電気協会新聞部	団体	東京	電気年鑑，季刊電力人事	
電気日日新聞	電気日日新聞社	新聞社	東京	重電機器シェア紹介	
電線新聞	工業通信	新聞社	東京	OPTCOM，光通信関連企業・団体便覧	

発行母体が行う行事	従業員数・人	日本専門新聞協会加盟	日本新聞協会加盟	流通・販売	縮刷版の有無	データベースの有無	データベース提供元	CD・DVD	デジタル版	年間購読料・円	第三種郵便物	ウェブサイトの有無
	4			直販						26,250	1951年4月4日	○
				直販						3,150	1978年10月13日	
	13			直販					○	15,750	1948年9月2日	○
	14			直販		○	日経テレコン		○	15,750	1953年6月2日	
	4			直販						12,600	1949年2月24日	○
				直販						12,000		
	20			直販						12,600		○
国際ウエルディングショー, HUBTEC-溶接・レーザー総合技術展	28	○		直販	○					24,468	1967年5月14日	
				直販/関係先配布						23,000	1976年12月31日	○
	90		○	直販.電波新聞に折込（朝日新聞販売店より宅配）						7,400	2010年3月25日	○
	53	○		直販	○	○	Factiva, ELNET			63,000	1978年7月21日	○
	55	○		直販		○	自社, 日経テレコン, Factiva, ELNET			15,000	1956年3月12日	○
				直販						2,520	1977年6月30日	○
	2			直販						8,000	1948年2月20日	
	110	○		直販	○	○	日経テレコン, G-Search, 電気新聞e-ClipNews, デジアナコミュニケーションズ, Factiva, ELNET	○		47,880	1907年11月29日	○
	5			直販						9,450	1955年9月21日	○
	15			直販	○					54,000	1956年5月21日	○

タイトル	産業分類	創刊年	サイズ	発刊頻度	ページ数	企業・団体	業界・市場	統計・データ	法律・特許	会社経営	人物
ガスエネルギー新聞	F	1959年7月	ブランケット	週刊	8-20	○	○	○		○	
水道産業新聞	F	1955年11月	ブランケット	週2回	4-50	○	○			○	
日本下水道新聞	F	1969年4月	ブランケット	週刊	12	○	○			○	
日本水道新聞	F	1954年1月	ブランケット	週2回	4-62	○	○			○	
燃料油脂新聞	F	1945年12月8日	ブランケット	日刊	6-10	○	○	○		○	
BCN (BUSINESS COMPUTER NEWS)	G	1981年10月	タブロイド	週刊	40	○	○	○			
JAFNA通信	G	1998年8月1日	タブロイド	隔月	4	○				○	
JECCニュース	G	1966年	A4	月刊	16	○	○				
インテリアビジネスニュース	G	1993年	タブロイド	月2回	8	○	○				
映像新聞	G	1966年11月	タブロイド	週刊	24-120	○	○			○	
新文化	G	1950年12月	ブランケット	週刊	8-10	○	○				
通信興業新聞	G	1953年8月	ブランケット	週刊	4	○	○	○	○	○	
帝国タイムス	G	1906年	ブランケット	旬刊	4-10	○	○	○	○	○	
テレコム・レビュー	G	1975年	タブロイド	月刊	4-8	○	○			○	
電経新聞	G	1958年	ブランケット	週刊	4-16	○	○			○	
電波新聞	G	1950年5月	ブランケット	日刊	24	○	○	○		○	○
電波タイムズ	G	1950年6月1日	ブランケット	週3回	6	○	○	○		○	
東京IT新聞	G	2006年8月8日	タブロイド	月2回	12	○	○				
東洋経済日報	G	1946年4月	ブランケット	週刊	8-32	○	○	○			

技術・製品・商品	起業・就職・資格	新聞原紙の主な内容	広告なし	製品広告	企業広告	イベント	出版情報	紙面構成の見出し有無
○		主要各社のガス販売量, 人事, 新商品紹介, 電力潮流を読む, 地方ガス事業のいま		○	○		○	2・3面；経営・政策, 4面；テーマ特集, 5面；新技術・新商品, 6面；市況, 7面；エネルギー総合, 最終面；文化
○		地方拠点都市の話題, トップに聞く, 人事異動		○	○			固定ではないが, 2面；地方, 3面；産業, 4面以降は特集
○		下水道管路敷設状況, 人事異動, 日本下水道事業団現場最前線, 下水道事業計画		○	○			
○		人事異動, 水道事業計画, 水道施設設備予算, 漏水防止の最新動向		○	○	○		
○		石油製品市況週動向調査, 東京工業品取引所の先物取引価格と出来高の推移, 新社長紹介, 会社・人の動き		○	○			
○		Catch Up!, いまさら聞けないキーワード, 特集, BCNランキング, 今週この本		○	○			
		会員人事, わが社の成功事例, 協会から, トピックス			○			
○		IT Topics＆NEWS, 経済産業省の動き, 新製品紹介, コンピュータを創った偉人たち		○	○			
○		消費者アンケート, 海外インテリア事情, イチ押し商品, 異業種から見たインテリア市場						
○		総務省の動向, 新製品紹介, 映画, デジタルコンテンツ, 展示会情報						
○		機構改革, 人事異動, 書店販売動向, 週間ジャンル別ベストセラー, 主要ニュース		○	○		○	
○		社説, ニュース短信, 総務省の動き, 海外の動向, 商品販売動向		○	○	○	○	
		中小企業監査役の知見, 倒産用語講座, 地区の産業特集					○	
		記者ルポ, 桑原守二のワンポイントチェック, 携帯事業者別契約		○	○			
○		業界動向, 研究脈, Point of view, クリップ		○	○		○	
○		電波時評, 機構改革・人事, やさしい業界知識, 流通リーダーの提言, 新商品紹介		○	○			固定ではないが, 2面；情報・通信, 3面；電子デバイス・部品, 4面；流通, 5面；家電
○		総務省人事, BSデジタル番組, 新製品紹介		○	○			
○		東京ITニュースセレクション, IT新潮流, イベント情報		○	○			
		韓国の経済, 産業, 財界の動き, 文化まで網羅		○	○			固定ではないが, 2—4面；韓国経済, 5・6面；企画, 7面；社会・スポーツ, 8面；文化

タイトル	発行母体名	発行母体の形態	出版地	新聞以外の出版物	
ガスエネルギー新聞	ガスエネルギー新聞	新聞社	東京		
水道産業新聞	水道産業新聞社	新聞社	大阪	水道年鑑, 下水道年鑑	
日本下水道新聞	日本水道新聞社	新聞社	東京	下水道事業の手引, よくわかる水道技術	
日本水道新聞	日本水道新聞社	新聞社	東京	下水道事業の手引, よくわかる水道技術	
燃料油脂新聞	燃料油脂新聞社	新聞社	東京		
BCN (BUSINESS COMPUTER NEWS)	BCN	企業	東京		
JAFNA通信	日本生活情報紙協会	団体	東京	日本のフリーペーパー 2006	
JECCニュース	日本電子計算機	企業	東京		
インテリアビジネスニュース	インテリア情報企画	出版社	東京	これからのインテリア専門店	
映像新聞	映像新聞社	新聞社	東京	映像プロダクション年間2014, セキュリティー市場レポート, デジタルコンテンツ白書, 企業映像入門	
新文化	新文化通信社	出版社	東京		
通信興業新聞	通信興業新聞社	新聞社	東京		
帝国タイムス	帝国データバンク	企業	東京	会社年鑑, TDB REPORT/業界動向	
テレコム・レビュー	逓信	企業	東京		
電経新聞	電経新聞社	新聞社	東京	東日本大震災通信復興前線ルポ	
電波新聞	電波新聞社	新聞社	東京	電子工業年鑑, エレクトロニクス用語辞典	
電波タイムズ	電波タイムス社	新聞社	東京		
東京IT新聞	ICE	企業	東京		
東洋経済日報	東洋経済日報社	新聞社	東京	韓国会社情報, 高円宮殿下が見た韓国	

発行母体が行う行事	従業員数・人	日本専門新聞協会加盟	日本新聞協会加盟	流通・販売	縮刷版の有無	データベースの有無	データベース提供元	CD・DVD	デジタル版	年間購読料・円	第三種郵便物	ウェブサイトの有無
	19			直販		○	日経テレコン, Factiva		○	24,000	1959年7月30日	○
	29	○		郵送/一部直配		○	日経テレコン			34,800	1956年1月10日	○
	35			直販						18,240	1969年4月21日	○
	35	○		直販						29,400	1954年2月9日	○
	75	○		直販/関係先配布	○					61,728	1946年7月4日	○
	78			直販		○	日経テレコン, Factiva		○	15,750		○
				会員配布						0		○
	409			関係先配布						0		
	5			直販					○	15,000	1995年10月31日	○
	11			直販	○	○	日経テレコン			27,300	1967年1月25日	○
	12			直販	○	○	自社			14,400	1951年1月29日	○
	5	○		直販						11,025	1953年9月10日	○
	3300			直販						21,000	1948年8月30日	○
	9			直販						12,600	1976年3月25日	○
	10			直販		○	日経テレコン, ELNET			25,250	1958年2月10日	○
	90		○	朝日新聞販売店より宅配		○	ELNET			60,000	1946年8月26日	○
	25			直販						43,200	1950年6月28日	
ITに関係した主催セミナー	23			全国のオフィスに無料配布					○	0		○
	87			直販	○					31,200	1959年7月20日, 1971年4月14日 大韓民国政府第3郵便物認可	○

タイトル	産業分類	創刊年	サイズ	発刊頻度	ページ数	企業・団体	業界・市場	統計・データ	法律・特許	会社経営	人物
日本情報産業新聞	G	1970年6月	ブランケット	週刊	8	○	○	○		○	
日本ネット経済新聞	G	2011年6月23日	ブランケット	週刊	8-12	○	○	○	○		
文化通信	G	1946年5月1日	ブランケット	週刊	8-24	○	○	○		○	
見本市展示会通信	G	1982年10月1日	タブロイド	月2回	6-40	○	○				
ラジオ商業新聞	G	1956年12月	ブランケット	月2回	4-16	○	○	○		○	
交通新聞	H	1943年4月	ブランケット	日刊	4	○	○	○		○	
交通毎日新聞	H	1924年3月	ブランケット	週3回	4-16	○	○	○		○	
東京交通新聞	H	1960年9月	ブランケット	週刊	8-32	○	○			○	
運輸新聞	H	1927年7月1日	タブロイド	週2回	4-16	○	○			○	
広報とらっく	H	1961年9月	ブランケット	月2回	6	○	○			○	○
日本流通新聞	H	1960年4月	ブランケット	週刊	6-12	○	○				
物流ウィークリー	H	1987年	ブランケット	週刊	14-32	○	○	○		○	○
物流ニッポン	H	1968年4月1日	ブランケット	週2回	8-12	○	○			○	
輸送経済	H	1948年	ブランケット	週刊	8-32	○	○	○		○	
輸送新聞	H	1961年11月	タブロイド	週刊	8-12	○	○			○	
内航海運新聞	H	1967年7月	ブランケット	週刊	6	○	○	○		○	
海上の友	H	1948年	タブロイド	旬刊	8-12	○					
港湾空港タイムス	H	1986年3月	ブランケット	週刊	4-8	○				○	

技術・製品・商品	起業・就職・資格	新聞原紙の主な内容	広告なし	製品広告	企業広告	イベント	出版情報	紙面構成の見出し有無
○		情報産業新聞－公募・調達情報, 時評, 海外NEWS, 企業情報, 新製品のソフト	○	○				
○		売れ筋ランキング, ネット通販, チャレンジこだわりのネット通販, 薬事広告のイロハ, 各社の取り組み, ネットショップの経理	○	○		○		
	○	視点（書評）, 機構改革・人事異動, 全国地域別書店のランキングベスト10	○	○		○		
		見本市の紹介, 業種別開催データ, 海外ニュース			○	○		
		AVC商品, インサイドレポート, 民生用電子機器国内出荷実績	○	○				
	○	発刊日によって, ショッピングセンター販売統計調査, 訪日外国人数・出国日本人数, 主要旅行業者の旅行取引状況がわかる	○	○				
	○	タクシー乗務員の賃金, 自動車販売実績, レンタカー事業者数	○	○		○		
		国土交通省人事が詳しく書かれている, 交通安全対策の取組について書かれている	○	○				
		四文字熟語から見る運送業界史, 国土交通省の政策が詳しく書かれている	○	○				
		労務Q＆A, 官公庁ニュースは毎回掲載されている	○	○				
		団体の活動, フラッシュ, 人事, 機構改革, 行政処分	○	○	○			
		今週の調査報告, 躍進する女性陣, 今週の軽油価格, 経営コンサルタントの現場報告, 判例に学ぶ	○	○				
	○	発刊日によっては企業の新卒採用実績と計画が示されている, 軽油とガソリンのエリア別小売価格は毎回連載	○	○				2・3面；総合, 4・5面；ステージ, 6・7面；座談会, 8面；統計調査, 9面；フォーカス, 10面；ソリューション, 11—14面；地域ワイドだが発刊日によって違う, トレンディー, レポートがある場合もある
	○	1面に運輸経済指数がある, 社説	○	○		○		
		四文字熟語から見る運送業界史, 国土交通省の政策が詳しく書かれている	○	○		○		
		輸送実績, 燃料価格, 造船等認定申請一覧表がある	○	○	○			
	○	本の紹介は海や船に関係するものを取り上げている	○	○		○		
		港湾局の人事情報, 国土交通省の政策		○				

タイトル	発行母体名	発行母体の形態	出版地	新聞以外の出版物
日本情報産業新聞	情報産業新聞社	新聞社	東京	
日本ネット経済新聞	日本流通産業新聞社	新聞社	東京	
文化通信	文化通信社	新聞社	東京	日本マスコミ総覧2011-2012年版, 白書出版産業2010 −データとチャートで読む出版の現在−, 出版再生−アメリカの出版ビジネスから何が見えるかー, 出版の検証−敗戦から現在まで−, 英国書籍再販−崩壊の記録−
見本市展示会通信	ピーオーピー	企業	東京	見本市展示会総合ハンドブック, 展示会データベース
ラジオ商業新聞	ラジオ商業新聞社	新聞社	東京	
交通新聞	交通新聞社	出版社	東京	JR時刻表, 文字の大きな時刻表, 小型全国時刻表, 全国版コンパス時刻表, 携帯全国時刻表, ポケット版文字でか時刻表, MyLINE東京時刻表, 道内時刻表, 中部編時刻表
交通毎日新聞	交通毎日新聞社	出版社	東京	自動車レンタリース年鑑, 世界の自動車アルバム
東京交通新聞	東京交通新聞社	新聞社	東京	ハイヤー・タクシー年鑑
運輸新聞	運輸新聞	新聞社	東京	ロジスティクス総合システムガイド2013
広報とらっく	全日本トラック協会	団体	東京	事業用貨物自動車の交通事故の傾向と事故事例等
日本流通新聞	新日本流通新聞社	新聞社	東京	2011年版武田式運送原価計算システム
物流ウィークリー	物流産業新聞社	新聞社	東京	
物流ニッポン	物流ニッポン新聞社	新聞社	東京	
輸送経済	輸送経済新聞社	新聞社	東京	2014日本の物流事業, 物流のすべて2014年版
輸送新聞	輸送新聞社	新聞社	東京	
内航海運新聞	内航新聞社	新聞社	東京	
海上の友	日本海事広報協会	団体	東京	雑誌ラメール, 海運データ集日本の海運SHIPPING NOW2013-2014データ編, 海事レポート
港湾空港タイムス	都市計画通信社	出版社	東京	都市再生と環境インフラ

発行母体が行う行事	従業員数・人	日本専門新聞協会加盟	日本新聞協会加盟	流通・販売	縮刷版の有無	データベースの有無	データベース提供元	CD・DVD	デジタル版	年間購読料・円	第三種郵便物	ウェブサイトの有無
	11			直販		○	日経テレコン, ELNET		○	16,000	1968年6月12日	○
ダイレクト・マーケティング・フェア	23	○		直販		○	自社			23,000	2007年6月11日	○
文化通信・共催メディアセミナー	19			直販	○	○	自社		○	43,200	1946年5月22日	○
	9			直販						9,450	1986年4月25日	○
	3			直販						4,800	1956年12月28日	○
	250	○		直販/郵送	○	○	日経テレコン			27,000	1968年1月25日	○
全日本自動車軟式野球選手権大会, 自動車関連シンポジューム	8	○		直販/東京新聞販売店・一般新聞販売店より戸別配達		○	日経テレコン, ELNET			33,640	1946年12月24日	○
	38	○		直販	○	○	日経テレコン			33,000	1960年10月22日	○
	10			直販						42,000	1961年9月13日	○
				直販						8,000	1960年11月28日	○
		○		直販						36,750	2003年10月27日	○
	78	○		直販				○		42,000	1987年11月14日	○
	45	○		直販	○					64,260	1969年4月1日	○
	19	○		直販		○	日経テレコン, Factiva			40,320	1949年4月23日	○
	15	○		直販				○		20,520	1961年9月13日	○
	8			直販						81,900	1967年8月18日	○
	13			直販						10,323	1950年8月21日	○
	5			直販						63,000	1988年12月19日	○

タイトル	産業分類	創刊年	サイズ	発刊頻度	ページ数	企業・団体	業界・市場	統計・データ	法律・特許	会社経営	人物
日本海事新聞	H	1942年12月	ブランケット	日刊	6-10	○	○	○		○	
WING	H	1957年4月	タブロイド	週刊	8-12	○	○			○	
健康産業新聞	I	1975年8月	タブロイド	週刊	32-48	○	○	○			
健康産業流通新聞	I	1975年11月	ブランケット	月2回	12-20	○	○			○	
小売経済新聞	I	1968年2月	タブロイド	旬刊	8-28	○	○			○	
コンビニエンスストア新聞	I	1976年4月	タブロイド	月2回	24-32	○	○	○		○	○
酒販ニュース	I	1960年	A4	旬刊	32-100	○	○				
商経アドバイス	I	1951年7月1日	ブランケット	週2回	6	○	○	○			
醸造報知	I	1925年2月	ブランケット	月2回	4-8	○	○	○		○	
商取ニュース	I	1964年12月	タブロイド	週刊	4-8	○	○				
食肉通信	I	1952年9月	ブランケット	週刊	8-24	○	○	○		○	○
食品経済新聞	I	1966年9月	ブランケット	月2回	10-18	○	○	○		○	
食品産業新聞	I	1951年3月1日	ブランケット	週2回	8-16	○	○	○		○	○
食品酒類小売店新聞	I	1973年	タブロイド	月刊	8	○	○	○		○	
食料新聞	I	1934年10月	ブランケット	週刊	8-24	○	○	○		○	○
食糧経済	I	1925年	ブランケット	旬刊	2-12	○	○	○		○	
東京食肉新報	I	1963年	ブランケット	月刊	4	○	○	○		○	
日本食糧新聞	I	1943年7月	ブランケット	週3回	16	○	○	○		○	
フード　ウイークリー	I	1971年2月	タブロイド	週刊	12-32	○	○			○	
米穀新聞	I	1952年8月	ブランケット	週刊	4	○	○	○			

技術・製品・商品	起業・就職・資格	新聞原紙の主な内容	広告なし	製品広告	企業広告	イベント	出版情報	紙面構成の見出し有無
		日本・アジアと欧米のコンテナ荷動向, 関税統計, Tanker/Market			○	○	○	2面；外航運輸・造船, 3面；港湾・ロジスティックス, 4面；クルーズ, 5面；寄稿, 6面；インフォメーション
		空港, 宇宙航空研究開発機構の動向, 防衛に関すること			○			固定ではないが, 防衛, 工業, エアライン・航空行政
○		厚生労働省の動向, 海外の情報, 新製品紹介, 業界短信		○	○			
○		注目の機能性素材, 新商品紹介, 海外の動向, 人事異動		○	○	○	○	
○		トップインタビュー, 新商品紹介, 販売統計速報, 特集, 主要メーカー各社の動向		○	○			
○		メーカー情報, 上位コンビニ全国店舗数一覧, 決算, 新商品紹介, 人事異動		○	○	○		
		新商品紹介, 売上高, 人事						
○	○	コメ先物取引の利用事例, 量販店のコメ小売価格, 米穀相場・流通市況		○	○			固定ではないが, 3面；農業・稲作情報, 4面；コメ卸・小売情報, 最終面；米穀相場・流通市況
○		社説（交差点）, 洋酒移出数量, 卸の販売数量, 新商品紹介, 国税庁の人事異動, 企業の人事異動		○	○			
		市況, 先物取引情報		○	○			
		枝肉市況, 市場価格経営ぶり拝見, 食肉輸入関連実績		○	○	○	○	
○		販売統計調査, 農作物漬物JAS依頼検査実績表, 東京都中央卸売市場の漬物取扱実績, 関連資材機器紹介		○	○			
○		中小企業メーカー業績アップの秘訣, 開店情報, 人事, 注目の新商品ガイド		○	○			
○		チャネル別の動き, 話題の新商品, 主要メーカーの動き, 人事		○	○			
○		店頭小売価格, 東京都中央卸売市場の水産等加工品取扱い, 東京都中央卸売市場漬物取扱い実績, 輸入原料通関実績, 商品紹介		○	○			
○		青果卸売会社の取扱実績, 組織人事, 大手量販店動向		○	○	○		
		お客様の購入動向の分析, 相場と小売価格のデータ, 組合の動き, ブロックの動き		○	○			
○		メーカー動向, 機構改革・人事異動, POSデータにみるシェア, エリア最前線		○	○			
○		各社の動向, 人事, 新商品紹介, 決算		○	○			
○		産地品種銘柄の設定・廃止状況, 米販売価格, 市況, 消費者調査, 米先物市場の課題		○	○	○		

タイトル	発行母体名	発行母体の形態	出版地	新聞以外の出版物	
日本海事新聞	日本海事新聞社	新聞社	東京	港運事業者要覧	
WING	航空新聞社	新聞社	東京	週刊ウイングトラベル, 日刊旅行通信	
健康産業新聞	UBMメディア	出版社	東京	健康食品ビジネス大事典, ナチュラルメディシン・データベース	
健康産業流通新聞	健康産業流通新聞社	新聞社	東京	健康産業名鑑	
小売経済新聞	小売経済新聞社	新聞社	東京		
コンビニエンスストア新聞	流通産業新聞社	新聞社	東京		
酒販ニュース	醸造産業新聞社	新聞社	東京	酒類産業年鑑, 等身大のボルドーワイン, 酒精の酔い, 酒のたゆたい	
商経アドバイス	商経アドバイス	新聞社	東京	まるごと炊飯・米粉ビジネス読本, 精米表示ガイドブック	
醸造報知	醸造報知新聞社	新聞社	東京		
商取ニュース	米穀新聞社	新聞社	東京		
食肉通信	食肉通信社	新聞社	大阪	日刊食肉速報, 日本食肉年鑑, 銘柄豚肉ハンドブック	
食品経済新聞	食経	新聞社	大阪		
食品産業新聞	食品産業新聞社	新聞社	東京	味噌醬油年鑑, 食品産業年鑑	
食品酒類小売店新聞	食品新聞社	新聞社	東京	全国食品会社名鑑, 日本チェーンストア名鑑	
食料新聞	食料新聞社	新聞社	東京		
食糧経済	食糧経済通信社	新聞社	大阪	食糧経済年鑑	
東京食肉新報	東京都食肉生活衛生同業組合	団体	東京		
日本食糧新聞	日本食糧新聞社	新聞社	東京	食品産業事典	
フード ウイークリー	週刊食品	新聞社	大阪		
米穀新聞	米穀新聞社	新聞社	東京		

発行母体が行う行事	従業員数・人	日本専門新聞協会加盟	日本新聞協会加盟	流通・販売	縮刷版の有無	データベースの有無	データベース提供元	CD・DVD／デジタル版	年間購読料・円	第三種郵便物	ウェブサイトの有無
	48	○		直販		○	自社, 日経テレコン, ELNET		94,500	1942年12月28日	○
	18			直販					15,000	1957年4月24日	○
展示会				直販					21,000	1976年6月8日	○
	10			直販		○	日経テレコン	○	18,900	1977年7月16日	○
				直販					22,050		○
	10			直販					10,500	1976年7月14日	○
	20	○		直販					14,700	1960年4月1日	○
	19			直販					34,500	1951年10月22日	○
				直販					7,000	1948年2月19日	○
	4			直販					27,300	1964年	
	24	○		直販					23,000	1952年9月13日	○
	8			直販					46,200	1970年11月21日	○
セミナー	40	○		直販		○	ELNET		46,200	1951年4月28日	○
				直販					3,000	1973年12月3日	○
	20	○		直販					29,484	1946年9月20日	○
				直販					12,000	1982年5月4日	
				関係先配布／直販					3,000	1963年10月25日	○
	135			直販		○	日経テレコン, Factiva, G-Search, ELNET	○	64,848	1943年1月20日	○
	10			直販					10,500	1971年3月26日	
	4			直販					15,750	1952年9月20日	

タイトル	産業分類	創刊年	サイズ	発刊頻度	ページ数	企業・団体	業界・市場	統計・データ	法律・特許	会社経営	人物
関西文具時報	I	1899年9月10日	タブロイド	月2回	8-50	○	○			○	
ステイショナー	I	1949年4月	タブロイド	旬刊	16	○	○	○			
日本文具新聞	I	1900年3月	B4	月刊	50	○	○				
日本事務機新聞	I	1969年11月1日	ブランケット	月3回	6-12	○	○			○	
ぶんぐ事務機ガイド	I	1949年	ブランケット	旬刊	4-8	○	○			○	
OAライフ	I	1988年8月20日	タブロイド	月刊	12	○	○			○	
家電流通新聞	I	1930年4月10日	タブロイド	週刊	8-16	○	○			○	
家庭薬新聞	I	1957年	タブロイド	週刊	14	○				○	
漢方医薬新聞	I	1982年	タブロイド	月2回	8-16	○					
薬粧流通タイムズ	I	1982年10月15日	タブロイド	月刊	20-40	○	○	○		○	○
薬局新聞	I	1946年3月	タブロイド	週刊	12	○	○	○	○	○	
生活用品タイムズ	I	2011年7月4日	タブロイド	月刊	8	○					
全粧協新報	I	1949年	タブロイド	隔月	8-12	○	○				
洗剤日用品粧報	I	1946年4月	タブロイド	週刊	16	○	○				
東京小売粧報	I	1949年2月	タブロイド	旬刊	8	○	○			○	
国際貿易	I	1967年6月	タブロイド	週刊	4-8	○	○	○	○		
週刊商業経済	I	1963年	タブロイド	週刊	12-24	○	○	○		○	○
全国商工新聞	I	1952年3月10日	ブランケット	週刊	8	○	○			○	
全国書店新聞	I	1966年5月	タブロイド	月2	4	○	○			○	

技術・製品・商品	起業・就職・資格	新聞原紙の主な内容	広告なし	製品広告	企業広告	イベント	出版情報	紙面構成の見出し有無
○		新商品紹介, 標準別使用期間, 人事異動, 自主統計品目別実績, 需要予測		○	○		○	
○		店舗拝見, 新商品紹介, わが店の売れ筋商品, 事務機械自主統計品目別出荷実績						
○		団体の活動紹介, 各社ニュース, 新製品紹介, 特集		○	○			
○		情報ホットライン(業界動向), 各社ソリューション案内, 事務機器需要予測, 人事		○	○		○	
○		新商品紹介, イベント紹介, 役員人事		○	○			
○		人事異動, 新商品紹介, 米国OA事情, 中国OA事情		○	○			
○		各社の新製品紹介, 業界短信, 民生用電気機器国内出荷実績, 地区別商戦販促特集			○			
○	○	協会の動き, 人事情報, 新商品紹介, 新卒採用状況						
		本を読む, 薬になる動植物, セミナー情報, 明治政府はなぜ漢方医学を排斥したのか?		○	○		○	
		社説, トップ交代, よく売れる商品, 市場リサーチ, メーカー・インフォメーション						
○	○	時流(コラム), LET's TRY COMMUNICATION(勤務薬剤師による解説), NEW PRODUCTS, 薬剤師国家試験の合格発表, 研修情報		○	○			
○		生活用品デビュー, 特集, 新商品紹介		○	○			
○		新商品紹介, 人事, 決算		○	○			
		市場規模の推移, 各社メーカの動向		○	○			
○		新商品紹介, 人事異動		○	○			
		中国の法律や企業について詳しく書かれている, 最終面で中国に関係する図書の紹介がある			○	○	○	
○		注目新商品紹介, 有力メーカー戦略レポート, 日本スーパーマーケット協会マンスリーレポート, チェーンストア月次別売上速報, 流通小売業相関図		○	○			
		私たちの主張, 各地民主商工会の活動紹介, 相談コーナー, 見直しませんかあなたの経営	○					2・3面;経営・要求運動,6面;読者,7面;共同行動
○		団体の活動, 人事, 生活実用書注目的新刊, 受賞		○	○		○	

タイトル	発行母体名	発行母体の形態	出版地	新聞以外の出版物	
関西文具時報	関西文具時報社	新聞社	大阪		
ステイショナー	ステイショナー	新聞社	東京	Bun2	
日本文具新聞	日本文具新聞社	新聞社	東京		
日本事務機新聞	日本事務機新聞社	新聞社	大阪	OA年鑑	
ぶんぐ事務機ガイド	産業新聞社	新聞社	東京		
OAライフ	オーエーライフ	新聞社	東京	OAライフドキュメント, カラー複写機&カラーページプリンターガイド	
家電流通新聞	無線産業新聞社	新聞社	東京		
家庭薬新聞	家庭薬新聞社	新聞社	富山	医薬品登録販売者試験問題集, 登録販売者試験過去問集	
漢方医薬新聞	漢方医薬新聞社	新聞社	東京		
薬粧流通タイムズ	薬粧流通タイムズ社	新聞社	東京		
薬局新聞	薬局新聞社	新聞社	東京	ドラッグストアレポート	
生活用品タイムズ	洗剤新報社	新聞社	東京	トイレタリー・化粧品ダイジェスト	
全粧協新報	全国化粧品小売協同組合連合会	団体	東京		
洗剤日用品粧報	洗剤新報社	新聞社	東京	トイレタリー・化粧品ダイジェスト	
東京小売粧報	小売粧報	新聞社	東京		
国際貿易	日本国際貿易促進協会	団体	東京	中国労働六法2013年改訂版, 日中貿易必携2013年版, 中国の検査・認証ガイド等	
週刊商業経済	商業経済社	新聞社	東京		
全国商工新聞	全国商工団体連合会	団体	東京	中小商工業研究	
全国書店新聞	日本書店商業組合連合会	団体	東京	全国書店名簿	

発行母体が行う行事	従業員数・人	日本専門新聞協会加盟	日本新聞協会加盟	流通・販売	縮刷版の有無	データベースの有無	データベース提供元	デジタル版 CD・DVD	年間購読料・円	第三種郵便物	ウェブサイトの有無
				直販					10,500	1948年3月8日	
	7			直販				○	12,600	1957年5月2日	○
	3			直販					10,000		○
				直販		○	日経テレコン		12,600	1970年3月27日	
				直販					10,000	1959年12月17日	
		○		直販	○				8,400	1998年5月15日	○
	1			直販					12,000	1953年10月15日	
	7			直販					12,000	1957年2月8日	○
				直販					7,200	1983年12月28日	
	15			直販					11,000	1984年4月13日	○
				直販					17,000	1948年1月28日	○
	9			洗剤日用品化粧新聞購読者に月1回送付		○	日経テレコン		0	○（年月日不明）	
				会員配布/非売品					0		
	9			直販		○	日経テレコン		15,000	1946年4月18日	
				直販					10,500	1949年3月31日	○
広州交易会の案内, 中国での展示会・商談会, 日本での展示会, 投資説明会・セミナー, 訪中視察団	13			直販					15,750		○
				直販					22,785	1963年4月8日	
				組織配布	○				6,000	1951年11月17日	○
	7			直販/会員配布					7,350	1966年7月15日	○

タイトル	産業分類	創刊年	サイズ	発刊頻度	ページ数	企業・団体	業界・市場	統計・データ	法律・特許	会社経営	人物	
通販新聞	I	1983年2月5日	ブランケット	週刊	8	○	○	○		○		
デパートニューズ	I	1955年6月	ブランケット	週刊	6-10	○	○	○				
日本商業新聞	I	1923年7月	タブロイド	週刊	12	○	○	○		○		
日本流通産業新聞	I	1983年9月1日	ブランケット	週刊	8-40	○	○	○	○	○		
ヘルスライフビジネス	I	1993年4月1日	タブロイド	月2回	24-32	○	○		○	○		
訪販ニュース	I	1985年4月10日	ブランケット	週刊	6	○	○	○	○	○		
リサイクル通信	I	2000年2月10日	タブロイド	月2回	16	○	○			○		
流通ケイザイ	I	1970年	タブロイド	月刊	4-8	○	○		○			
流通ジャーナル	I	1962年4月21日	タブロイド	週刊	16-50	○	○					
金融経済新聞	J	1954年2月	ブランケット	週刊	8-10	○	○			○		
金融タイムス	J	1959年2月	ブランケット	月2回	4	○	○			○		
ニッキン	J	1924年2月	ブランケット	週刊	20-24	○	○	○		○	○	
日本金融新聞	J	1975年10月1日	ブランケット	旬刊	4-20	○	○		○	○		
信用金庫新聞	J	1952年	ブランケット	月2回	2	○	○			○		
全国信用組合新聞	J	1965年10月	タブロイド	旬刊	4-8	○	○			○		
株式新聞	J	1949年8月	ブランケット	日刊	14	○	○	○				

技術・製品・商品	起業・就職・資格	新聞原紙の主な内容	広告なし	製品広告	企業広告	イベント	出版情報	紙面構成の見出し有無
	○	社説, 通販・通教企業動向が毎回書かれている		○	○	○		
	○	新商品紹介, 人事異動, 百貨店の売上高		○	○	○		
	○	週間ベストセラー, 新商品案内, 人事異動, トップは語る, 行雲流水, 化粧品出荷統計		○	○			
	○	千原弁護士のQ&Aは毎回, 景品表示法など法律についても連載がある, 通販フィルメント調査は大手事業者を対象に基本データの把握をするために実施, 受注センターの所在地, オペレーターの人数, システムの構成など		○	○	○		
	○	社説, 各社の動向, 原料の掘り下げ, 連載患者会を追う, 規制や流通, 求人広告		○	○	○		
	○	社説, 企業動向, 海外MLM短信		○	○			1面；総合, 2面；企業動向, 3面；マルチ・レーベルマーケティング, 4面；メーカー動向・商材研究, 5面；業界団体, 6面；消費動向・消費者行政
		トップにインタビュー, 古物市場開催日程, 繁盛店の店づくり, 4コマンガ		○	○	○		
	○	店舗構造概論, ヒトの13タイプ, 新ヒトのCSC観察ノート		○	○			
		決算情報, 店舗レポート						
		メガ銀・主要地銀の週間株価推移, 国会の議案審議状況, 政党会合と金融庁の動き, 書籍紹介, ベストセラー		○	○			2面；総合, 3面；銀行・信託・証券, 4・5面；地域金融機関, 6面；保険, 7面；ノンバンク・IT, 8面；文化
		キンタイ・フラッシュ, 金融庁人事, 人事異動					○	
		都銀・信託銀, リージョナルバンク, 信金・信組のカテゴリーがある, 特集で主要金融機関の新卒採用の項目がある, 人事異動の項目が細かい			○		○	1-3面；総合, 10・11面；特集, 14面；オピニオン, 15面；研修, 16面；ノンバンク・業界総合・人事, 17面；人事, 18面；人事管理・組合・人事, 19面；社会・文化, 20面；第一線
		断思（社説）, 政省令概要（一部抜粋）, 法と市場の枠組み考察, 人事, 金融庁の動き					○	
		論壇（社説）, 金融経済の眼は政策のことが中心, わが家の減災豆知識		○	○	○		
○		最終面にもう一度年金基礎講座が連載されている, 新入職員の情報もある					○	
		注目株, ランキングコーナー, 明日を読む, 新興市場ランキング		○	○			

タイトル	発行母体名	発行母体の形態	出版地	新聞以外の出版物	
通販新聞	通販新聞社	新聞社	東京	月刊ネット販売, 通信販売年鑑	
デパートニューズ	ストアーズ社	出版社	東京	百貨店調査年鑑	
日本商業新聞	日本商業新聞社	新聞社	大阪	VIEW EXPRESS, 化粧品石鹸年鑑	
日本流通産業新聞	日本流通産業新聞社	新聞社	東京		
ヘルスライフビジネス	ヘルスライフビジネス	出版社	東京	ヘルスビジネスチャイナ&アジア, 調剤薬局ジャーナル, KENKO 文庫	
訪販ニュース	訪販ニュース社	新聞社	東京		
リサイクル通信	リフォーム産業新聞社	新聞社	東京	中古ビジネスデータブック	
流通ケイザイ	流通経済新聞社	新聞社	東京		
流通ジャーナル	流通ジャーナル	新聞社	東京	日刊ドラッグストア, 週刊流通ジャーナル	
金融経済新聞	金融経済新聞社	新聞社	東京		
金融タイムス	金融タイムス社	新聞社	東京	年史・誌, ディスクロージャー誌, 伝記, 事業報告書, 庫内報等の委託出版	
ニッキン	日本金融通信社	新聞社	東京	月刊金融ジャーナル, ニッキンマネー, ニッキンレポート, ニッキン投信情報, 日本金融名鑑, ニッキン資料年報, 金融時事用語集	
日本金融新聞	日本金融新聞	新聞社	東京	日本金融新聞（資料版）特別編	
信用金庫新聞	全国信用金庫協会	団体	東京	monthly 信用金庫, しんきん経営情報	
全国信用組合新聞	全国信用組合新聞社	新聞社	東京		
株式新聞	モーニングスター	企業	東京	モーニングスターファンド分析レポート	

発行母体が行う行事	従業員数・人	日本専門新聞協会加盟	日本新聞協会加盟	流通・販売	縮刷版の有無	データベースの有無	データベース提供元	CD・DVD	デジタル版	年間購読料・円	第三種郵便物	ウェブサイトの有無
	10			直販	○	○	自社, 日経テレコン, ELNET			30,200	1985年11月22日	○
	11			直販					○	14,500	1956年3月30日	○
	9			直販						13,650	1948年8月25日	○
ダイレクト・マーケティング・フェア	23	○		直販		○	自社			31,000	1984年8月23日	○
健食原料・素材・OEM展, 特別セミナー				直販						31,500	1993年11月24日	
	8			直販	○	○	自社, 日経テレコン			30,200	1989年6月23日	○
	20			直販						12,000	2000年6月9日	○
				直販						12,600		
				直販		○	日経テレコン			15,000	1977年9月16日	○
講演会, セミナー	35	○		直販		○	ELNET			17,010	1954年5月1日	
		○		直販						12,600	1959年5月25日	
FP継続教育講座	175	○		直販	○	○	自社, 日経テレコン, Factiva, G-Search, ELNET			16,680	1955年9月17日	○
	5			直販						23,100	1976年1月28日	○
				直販						960	1952年7月8日	
				直販						25,200	1966年7月14日	
	90			直販／朝日新聞販売店から宅配		○	日経テレコン, ELNET	○		45,600	1949年9月12日	○

タイトル	産業分類	創刊年	サイズ	発刊頻度	ページ数	企業・団体	業界・市場	統計・データ	法律・特許	会社経営	人物
立花月報	J	1964年11月	タブロイド	月刊	4	○	○	○		○	
日本証券新聞	J	1944年5月	ブランケット	日刊	14	○	○	○			
フューチャーズトリビューン	J	1970年4月	タブロイド	週1—2	2-6	○	○			○	
インシュアランス生保版	J	1928年	B5	週刊	20-24	○	○			○	
インシュアランス損保版	J	1928年	B5	週刊	20-24	○	○			○	
保険経済新聞	J	1946年	タブロイド	旬刊	4	○	○		○	○	
Amenity	K	1986年	タブロイド	月刊	1-8	○	○			○	
週刊住宅	K	1960年	ブランケット	週刊	12-48	○	○		○	○	
全国賃貸住宅新聞	K	1989年1月25日	タブロイド	週刊	16-24	○	○				
週刊ビル経営	K	1994年6月1日	タブロイド	週刊	16-60	○	○			○	
住宅新報	K	1948年4月	ブランケット	週刊	12-48	○	○	○		○	
東京借地借家人新聞	K	1967年	タブロイド	月刊	2	○			○	○	
東京賃貸住宅新聞	K	1969年	タブロイド	年4回	10	○	○	○			
ビル新聞	K	1969年11月10日	ブランケット	週刊	4-16	○	○	○		○	
マンション管理新聞	K	1985年4月10日	タブロイド	旬刊	12-48	○	○	○	○	○	
マンションタイムズ	K	1985年7月1日	タブロイド	月刊	8-12	○	○		○	○	○
科学新聞	L	1946年4月	ブランケット	週刊	8	○	○				
月報はつめい	L	1965年11月	タブロイド	月刊	8-10	○			○	○	
特許ニュース	L	1961年4月18日	B5	日刊	12-76	○			○	○	

技術・製品・商品	起業・就職・資格	新聞原紙の主な内容	広告なし	製品広告	企業広告	イベント	出版情報	紙面構成の見出し有無
		相場展望, 参考銘柄, 企業調査部リサーチメモ, 市場観測			○			
		株式市況, 企業ニュース, 投資信託, 外国為替, 商品先物		○	○			
		会員別売買高集計, 会議の議事要旨, 連載商取人の物語, 人事異動		○	○			
○		週刊の動き, 業界各社のサービス, 経済短波, 各種統計, 役員人事		○	○			
○		週刊の動き, 業界各社のサービス, 経済短波, 自動車保険普及率, 役員人事		○	○			
		人事異動, 顧客のための約款・法律研究, 知って得する社会保険労働保険	○					
○		マンション事情, 企業ガイド, マンション建物Q&A		○	○			
		業界カレンダー, 今週の不動産情報, 重要判例ピックアップ, 売買市況予報, 特集が組まれることもある		○	○	○	○	
		業界短信, 企業動向						
○		不動産市場の行方, 最新ニュース, 未開発裏探訪, 人事		○	○			
○	○	主要住宅・不動産会社の新卒入社状況, 社説がある, 不動産・建設業株価一覧, 宅地建物取引主任者受験セミナー, 業界求人情報, 今週の不動産物件ニュース, 話題のスポット		○	○			固定ではないが, 2面；行政・団体, 3面；不動産証券化・ビル, 4面；流通・マンション管理, 5面；総合, 6・7面；特集, 8面；資格・実務・人事, 9面；営業・データ, 10・11面；住まい・暮らしスタイル, 12面；トピック・解説
		組合の催物とお知らせ, 判例紹介	○					
		地価動向予測, 地主・家主さんのお勧めの宿, 事務局だより, 特集		○	○			
		東京都落札結果・建物清掃, 資格を取ろう‼, 着工が決定した主な建物物件		○	○			
		各自治体マンション管理関係施策, 全国・主要地方紙に掲載されたマンション管理関係記事, 企業探訪		○	○			
		裁判判例から, マンション管理講座, トピックス新聞ダイジェスト		○	○			
○		提言, 書籍紹介, 産業・応用・製品		○	○	○		
		知的財産, 協会の活動内容	○					
○		模倣品対策, 著作権判例紹介, 人事異動, 業界動向		○	○			

タイトル	発行母体名	発行母体の形態	出版地	新聞以外の出版物
立花月報	立花証券	企業	東京	
日本証券新聞	日本証券新聞社	新聞社	東京	金融証券人名録
フューチャーズトリビューン	経済ルック	新聞社	東京	
インシュアランス生保版	保険研究所	出版社	東京	リスクへの挑戦, 新任機関長の挑戦記録, 分かりやすい失火責任法の理論と実務
インシュアランス損保版	保険研究所	出版社	東京	リスクへの挑戦, 新任機関長の挑戦記録, 分かりやすい失火責任法の理論と実務
保険経済新聞	保経社	新聞社	大阪	
Amenity	東京プラニング	企業	東京	
週刊住宅	週刊住宅新聞社	新聞社	東京	不動産取引の〈法律入門〉
全国賃貸住宅新聞	全国賃貸住宅新聞社	新聞社	東京	賃貸住宅年鑑
週刊ビル経営	ビル経営研究所	新聞社	東京	不動産ソリューションブック
住宅新報	住宅新報社	新聞社	東京	入居後のチェックポイント, わかりやすい!不動産トラブル解決のポイント, 不動産広告の相談事例
東京借地借家人新聞	東京借地借家人組合連合会	団体	東京	
東京賃貸住宅新聞	東京共同住宅協会	団体	東京	
ビル新聞	ビル新聞社	新聞社	宮城	
マンション管理新聞	マンション管理新聞社	新聞社	東京	
マンションタイムズ	マンション管理情報研修センター	新聞社	東京	
科学新聞	科学新聞社	新聞社	東京	カイロジャーナル
月報はつめい	発明協会	団体	東京	知的財産権法文集
特許ニュース	経済産業調査会	団体	東京	電機とガス, 経済産業統計, 機械統計月報, 化学工業統計月報, 商業販売統計月報, 資源・エネルギー統計月報, 石油等消費動態統計月報

発行母体が行う行事	従業員数、人	日本専門新聞協会加盟	日本新聞協会加盟	流通・販売	縮刷版の有無	データベースの有無	データベース提供元	CD・DVD デジタル版	年間購読料：円	第三種郵便物	ウェブサイトの有無
	519			直販/顧客配布					5,000		○
				読売新聞・中日新聞販売店より宅配/即売/郵送	○	○	日経テレコン, ELNET		58,200	1944年5月1日	○
				直販					37,800	1960年10月5日	
				直販					38,400	○（年月日不明）	○
				直販					38,400	○（年月日不明）	○
				直販					42,600	1948年7月17日	
セミナー				直販					3,700	1986年10月31日	
講習会	50	○		直販		○	日経テレコン, ELNET		19,800	1960年5月10日	○
	20			直販					17,000	1990年	○
	12			年間定期購読					25,000	1994年11月24日	○
セミナー	40	○		直販		○	日経テレコン, Factiva, G-Search, ELNET	○	15,400	1948年6月18日	○
				直販					3,120	1975年5月21日	○
				会員配布					0		○
	5			直販	○				25,000	1970年1月8日	
	8			直販					15,750	1986年7月17日	○
	3			直販					5,000	1990年3月28日	○
	28			直販		○	日経テレコン		21,000	1946年6月7日	○
特許・情報フェア＆コンファレンス	500			会員のみ配布					1,800		○
	70			直販					69,500	1986年	○

タイトル	産業分類	創刊年	サイズ	発刊頻度	ページ数	企業・団体	業界・市場	統計・データ	法律・特許	会社経営	人物
週刊税のしるべ	L	1949年	タブロイド	週刊	8-12				○	○	○
税理士界	L	1952年11月	タブロイド	月刊	16	○	○	○			
税理士新聞	L	1974年5月	タブロイド	旬刊	12	○	○		○	○	○
日本税政連	L	1968年	タブロイド	月刊	8	○				○	
納税通信	L	1948年1月	タブロイド	週刊	12	○	○		○	○	○
中小企業家しんぶん	L	1972年	タブロイド	旬刊	8	○	○				
消費生活新報	L	1977年	タブロイド	月刊	8-12	○				○	
観光経済新聞	M	1950年4月	ブランケット	週刊	12-32	○	○	○		○	○
観光とけいざい	M	1973年12月	タブロイド	月2回	8-24	○	○	○		○	
国際ホテル旅館	M	2000年7月	タブロイド	月2回	12	○	○	○		○	○
旬刊旅行新聞	M	1975年4月	ブランケット	旬刊	8-32	○	○	○		○	
トラベルニュースat	M	1970年4月	タブロイド	月2回	12-32	○	○	○			
全飲連ニュース	M	1992年11月15日	ブランケット	季刊	6	○	○	○		○	
東京中華料理新聞	M	1963年	タブロイド	月刊	4-8	○				○	
日食外食レストラン新聞	M	1992年4月6日	タブロイド	月刊	24	○	○	○			
日本外食新聞	M	1974年9月	タブロイド	旬刊	16-24	○	○			○	
全ドラ	N	1964年	タブロイド	旬刊	12-16	○	○	○	○		
日本クリーニング新聞	N	1965年4月	タブロイド	旬刊	12-24	○	○	○		○	

技術・製品・商品	起業・就職・資格	新聞原紙の主な内容	広告なし	製品広告	企業広告	イベント	出版情報	紙面構成の見出し有無
		財務省・国税庁異動，書評，裁決事例集，「交際費課税の基礎的理解と実務上の留意点」の連載		○	○		○	
		日税研NEWS，源流（社説），新着図書，税理士職業賠償責任保険の事故例，随筆		○	○		○	
		税理士事務所訴訟時代の生き残り術，会計事務所のための広報・PRお役立ちコーナー，意外と知らないカタカナ語，税界スクランブル		○	○	○	○	
		意見陳述，要望案，国会の動向，人事		○	○		○	
		シリーズそのとき裁判所は，国税OB税理士が語る税務調査の実態と調査官の本音，税をめぐる「事件」ダイジェスト		○	○			
		団体の活動紹介，業界動向		○	○			
		消費者月間事業，くらしに関するHOT情報，消費者Newsスクランブル		○	○			
		主要旅行業月別実績，儲けるための旅館経営，調査データ，体験型観光の現場，地域観光		○	○			
		旅行行動調査，旅行行動の見通し，沖縄線の予約状況			○	○		
	○	IT戦略，エリアルポ，データ，注目商品・サービス，総支配人インタビュー		○	○	○		
		NewsHEADLINE，管内空港の利用状況概況，鉄道協13社旅行取扱実績，人事・機構改革			○			
		旅行業者の取扱い状況，旅行動向，都道府県別延べ宿泊者数		○	○			固定ではないが，総合，宿，旅行業，地域情報，特集という順番
		関連団体の活動内容，全飲連データ		○	○			
		活動内容，お店の紹介		○	○			
	○	メニュートレンド，高桑先生の飲食店経営クリニック，ニューヨーク通信，独自寸評，アポなし！新業態チェック		○	○	○		
	○	新規開店情報，外食産業を動かす人々，新刊紹介，外食産業市場動向調査，特集		○	○			
	○	主張，現場探訪，わかりやすい現場の基礎知識，機械と資材		○	○			
	○	主な行事予定，短信，新商品紹介，人事，店舗再生とマーケット創造		○	○	○		2面；行事，3面；調査，4・5面；特集，6面；連載，7面；機材，8面；総合

タイトル	発行母体名	発行母体の形態	出版地	新聞以外の出版物	
週刊税のしるべ	大蔵財務協会	団体	東京	財務省の機構, 私たちの税金	
税理士界	日本税理士会連合会	団体	東京	税務経理ハンドブック等	
税理士新聞	エヌピー通信社	企業	東京	税務職員配属便覧, WAMONEYリオネアの思考軸, インバウンド観光業者の海外旅行会社に対する消費税の輸出免税該当性, 税理士がホンネで語る新税務調査の急所	
日本税政連	日本税理士政治連盟	団体	東京		
納税通信	エヌピー通信社	企業	東京	税務職員配属便覧, WAMONEYリオネアの思考軸, インバウンド観光業者の海外旅行会社に対する消費税の輸出免税該当性, 税理士がホンネで語る新税務調査の急所	
中小企業家しんぶん	中小企業家同友会全国協議会	団体	東京	研究センターレポート	
消費生活新報	消費生活新報社	新聞社	東京		
観光経済新聞	観光経済新聞社	新聞社	東京		
観光とけいざい	沖縄観光速報社	新聞社	沖縄	南米日系人と多文化共生	
国際ホテル旅館	ブライダル産業新聞社	新聞社	東京		
旬刊旅行新聞	旅行新聞社	新聞社	東京		
トラベルニュースat	トラベルニュース社	新聞社	大阪	大阪案内所要覧, 旅行業者さく引, とらべる新書	
全飲連ニュース	全国飲食業生活衛生同業組合連合会	団体	東京	全飲連全国大会	
東京中華料理新聞	東京中華料理新聞	団体	東京		
日食外食レストラン新聞	日本食糧新聞社	新聞社	東京	全国食品流通総覧, 食品産業事典, 食品業界ビジネスガイド	
日本外食新聞	外食産業新聞社	新聞社	東京	外食日報, 外食企業年鑑	
全ドラ	ゼンドラ	新聞社	東京	リネンサプライ, ほわいと, TOSENサプライニュース	
日本クリーニング新聞	日本クリーニング新聞社	新聞社	東京	日本クリーニング年鑑, 接客資格教本	

発行母体が行う行事	従業員数（人）	日本新聞協会加盟	日本専門新聞協会加盟	流通・販売	縮刷版の有無	データベースの有無	データベース提供元	CD・DVD	デジタル版	年間購読料・円	第三種郵便物	ウェブサイトの有無
			○	朝日・読売・毎日新聞販売店より宅配						6,600	1949年11月30日	
	41			直販	○					2,000	1953年2月27日	○
	35		○	直販		○	日経テレコン			24,000	1974年5月7日	○
				会員配布						0	1969年9月1日	○
	35		○	直販		○	日経テレコン			36,700	1948年5月27日	○
				会員配布／直販						3,000	1979年1月20日	○
				直販						4,800	1978年1月27日	
	25		○	直販		○	日経テレコン，ELNET			11,000	1952年8月19日	○
				直販						11,000	1974年6月4日	○
				郵送配布						10,500	2001年5月22日	○
			○	直販		○	日経テレコン			16,500	1979年4月19日	○
	11			直販						16,000	1971年6月3日	○
	5			全国組合員に無料配布				○		0		○
				組合員／関係機関／非売品						0	1966年8月23日	○
	135			直販		○	Factiva, G-Search			6,732	1992年10月5日	○
				直販						15,750	1974年11月25日	○
	7			直販						12,600	1964年1月18日	○
	4			直販						12,000	1965年6月25日	○

タイトル	産業分類	創刊年	サイズ	発刊頻度	ページ数	企業・団体	業界・市場	統計・データ	法律・特許	会社経営	人物
E・toco TIMES	N	1953年5月30日	タブロイド	月刊	6-10	○				○	
SAUNA・SPA新聞	N	1975年	タブロイド	月刊	4	○					○
WWD BEAUTY（ウィメンズ・ウエア・デイリー・ジャパンビューティ）	N	2007年9月7日	タブロイド	週刊	20	○	○				
エステティックジャーナル	N	1993年3月	タブロイド	月刊	16-24	○	○				
月刊Diet & Beauty	N	2003年1月15日	タブロイド	月刊	16-24	○	○			○	
ヘアーサロンジャーナル	N	1956年10月	ブランケット	旬刊	4-8	○	○				
理楽TIMES	N	1970年1月10日	タブロイド	月刊	8	○					
Bagazine（バガジン）	N	1950年3月	タブロイド	月2回	16-60	○					
カメラタイムズ	N	1947年	タブロイド	隔週	8-20	○					
週刊玩具通信	N	1965年11月	タブロイド	週刊	14	○	○				
伝統文化新聞	N	2006年6月11日	タブロイド	月刊	8	○					
教育学術新聞	O	1953年9月	ブランケット	週刊	4-16	○	○			○	
日本教育新聞	O	1946年5月1日	ブランケット	週刊	14-24	○	○			○	○
Japan Medicine MONTHLY	P	2010年1月	タブロイド	月刊	32	○	○	○			
Medical Tribune	P	1968年4月	タブロイド	週刊	16-32	○	○			○	
MEDICAMENT NEWS	P	1956年	タブロイド	旬刊	12-24	○				○	
The Doctor	P	1966年	タブロイド	週刊	4	○	○			○	
THE MEDICAL & TEST JOURNAL	P	1979年3月	タブロイド	旬刊	8	○	○		○		
医理産業新聞	P	1975年10月	A3	月2回	6-8	○	○	○		○	
医療タイムス	P	1947年	タブロイド	旬刊	8	○	○			○	

技術・製品・商品	起業・就職・資格	新聞原紙の主な内容	広告なし	製品広告	企業広告	イベント	出版情報	紙面構成の見出し有無
	○	組合の事業内容, 計画, 理容学校の紹介, 理容の家族		○	○	○		
		団体の活動, 各支部の活動報告		○	○			
○		国内ビューティ業界ニュース, 海外ビューティ業界の最新ニュース, 新商品紹介		○	○			
○		全面広告が多い, 美容法についての記述が多い		○	○			
○		新商品紹介, 各社動向, 話題の人, 行事予定		○	○	○		
○	○	専門学校卒業式, コンテスト結果, 新商品紹介		○	○			
	○	専門学校の情報, コンテストの結果, 活動の紹介						
○		新商品紹介, 展示会情報						
○		新製品ニュース, 日本写真協会ニュース, 日本写真文化協会ニュース, コンテスト結果		○	○			
○		新製品販売スケジュール, 販売最前線として統計, 商品の解説		○	○			
		催し物案内, 伝統芸能書の紹介, 歌舞伎雑記		○	○	○		1面；伝統芸能ニュース, 2面；小唄ニュース, 3面；小唄中心に伝統芸能ニュース, 4面；伝統芸能放送ガイド, 5面；歌舞伎・文楽公演ガイド, 6面；伝統芸能顕彰者, 7面；書評, 8面；連載
		日本私立大学協会の動き, 地方私大からの政策提言, 新刊紹介		○	○			
		社説, ユネスコスクール本社調査, 企画特集, 書評, 学校経営		○	○			
		特集, 感染症情報, 海外の動向		○	○		○	
○		国内ニュース, 海外ニュース, 特集, 感染症発生動向調査, 実践・ケーススタディー		○	○			
○		特集を設け多数の専門医が解説, ニュースレター, インタビュー最前線の医師たち, 新薬展望		○	○		○	
○		厚生労働省の動き, 日本医師会の動き		○				
		収支管理, 特集, 学会動向		○				
○		医療用具の保険適用について, 承認速報, 規制・制度改革情報, 新刊紹介, 業界短信		○	○			
	○	看護学校紹介, 信大人事, 長野県内の病院情報		○	○		○	

タイトル	発行母体名	発行母体の形態	出版地	新聞以外の出版物	
E・toco TIMES	東京都理容生活衛生同業組合	団体	東京		
SAUNA・SPA新聞	日本サウナ・スパ協会	団体	東京	サウナあれこれ	
WWD BEAUTY（ウィメンズ・ウエア・デイリー・ジャパンビューティ）	INFASパブリケーションズ	出版社	東京	すばらしいフィッシュマンズの本, STUDIO VOICE	
エステティックジャーナル	エステティックジャーナル	出版社	東京		
月刊Diet & Beauty	UBMメディア	出版社	東京	健康食品ビジネス大事典, ナチュラルメディシン・データベース	
ヘアーサロンジャーナル	近代美粧社	出版社	東京		
理楽TIMES	全国理容生活衛生同業組合連合会	団体	東京	全理連情報	
Bagazine（バガジン）	産業通信	出版社	東京	Bagazine plus	
カメラタイムズ	カメラタイムズ社	新聞社	東京		
週刊玩具通信	日本トイズサービス	新聞社	東京		
伝統文化新聞	出版研究センター	出版社	東京		
教育学術新聞	日本私立大学協会	団体	東京	私学高等教育研究叢書	
日本教育新聞	日本教育新聞社	新聞社	東京		
Japan Medicine MONTHLY	じほう	出版社	東京	治療薬ハンドブック	
Medical Tribune	メディカルトリビューン	新聞社	東京	標準血管外科学	
MEDICAMENT NEWS	ライフ・サイエンス	出版社	東京	睡眠医療, Progress in Medicine, Geriatric Medicine（老年医学）, 鼻アレルギー診療ガイドライン	
The Doctor	薬事ニュース社	新聞社	大阪		
THE MEDICAL & TEST JOURNAL	じほう	出版社	東京	治療薬ハンドブック	
医理産業新聞	医理産業新聞社	新聞社	東京		
医療タイムス	医療タイムス社	新聞社	東京		

発行母体が行う行事	従業員数:人	日本専門新聞協会加盟	日本新聞協会加盟	流通・販売	縮刷版の有無	データベースの有無	データベース提供元	CD・DVD	デジタル版	年間購読料:円	第三種郵便物	ウェブサイトの有無
				組合員配布						1,000	1953年5月30日	○
				会員配布						0		○
	70			書店/直販/一部地下鉄売店						31,500	1979年4月24日	○
				直販						6,000		○
				直販						10,000		○
	5			直販						30,240	1956年10月16日	○
	25			会員配布						2,400	1979年3月30日	○
	10			直販						21,000		○
				直販						9,000	1947年8月20日	○
	10			直販		○	日経テレコン	○		15,750	1966年1月22日	○
出版ビジネススクール				直販						7,000		○
	23	○		直販						4,800	1955年3月28日	○
	130	○		直販	○					31,500	1974年12月10日	○
	118	○		直販						6,300		○
	129			直販						13,000		○
		○		直販		○	日経テレコン			10,440		○
		○		直販						9,991	1966年8月22日	○
	118	○		直販						9,450	1979年6月18日	○
セミナー				直販						5,250		○
	20			直販						19,950	1948年5月18日	○

タイトル	産業分類	創刊年	サイズ	発刊頻度	ページ数	企業・団体	業界・市場	統計・データ	法律・特許	会社経営	人物
教育医事新聞	P	1986年	タブロイド	月刊	12	○		○		○	
月刊静脈経腸栄養ニュース	P	1983年11月1日	B4	月刊	16–32	○	○			○	
健康さっぽろ	P	1998年12月20日	A4	年2回	8	○					
週刊医学界新聞	P	1949年	タブロイド	週刊	8–16	○					
新医協	P	1948年11月	A4	月2回	4–16	○					
全日病ニュース	P	1962年11月	タブロイド	月2回	4–8	○			○	○	
都医ニュース	P	1961年	タブロイド	月刊	10	○				○	
日本医科器械新聞	E	1948年4月	A3	旬刊	8	○	○				
日本病院会ニュース	P	1971年	タブロイド	月2回	4	○	○			○	○
日医ニュース	P	1961年	タブロイド	月2回	8	○				○	
病院新聞	P	1966年12月	ブランケット	週刊	4	○	○			○	
ほうもん看護	P	1995年2月15日	タブロイド	月刊	4	○		○			
北海道医療新聞	P	1968年2月15日	ブランケット	週刊	6–8	○	○			○	
民医連新聞	P	1963年1月	タブロイド	隔週	8–12	○				○	
メディカルビューポイント	P	1981年1月	タブロイド	月刊	8–12	○				○	
薬事ニュース	P	1951年	タブロイド	週刊	8–16	○				○	
薬事日報	P	1943年2月	タブロイド	週3回	8–40	○	○				
薬日新聞	P	1947年	タブロイド	週刊	8–16	○	○	○	○		
よぼう医学	P	1949年	タブロイド	月刊	4	○				○	
大阪保険医新聞	P	1963年	タブロイド	旬刊	8	○					
国保新聞	P	1954年	ブランケット	旬刊	4–6	○	○	○	○	○	○

技術・製品・商品	起業・就職・資格	新聞原紙の主な内容	広告なし	製品広告	企業広告	イベント	出版情報	紙面構成の見出し有無
		厚生労働省・文部科学省・環境省の動向, 医師会・歯科医師会・薬剤師会の動向		○	○		○	
	○	JSPEN認定資格検討委員会インフォメーション, 学会の動向		○	○			
		特集, お役立ちページ	○					
		国家試験合格発表, 対談, 寄稿, 新刊・書評					○	
		活動紹介, 学術動向		○				
		厚生労働省の動き, 医政局長通知, 関係団体の動き			○		○	
		東京都医師会の活動内容, 感染症豆知識, 行事案内		○	○			
	○	厚生労働省の通知, 関係団体の活動紹介, 新商品紹介		○	○			
		診療報酬の改定について, 主潮, 職域通信, 学会の動向					○	
		役員紹介, 医師会の動き, 日医医学図書館だより, 勤務医のページ			○		○	
	○	団体の動き, 厚生労働省の動き, 地域医療再生計画の実績・成果, 新製品発表		○	○	○		
		団体の活動紹介, 診療報酬の解説, 研修の紹介			○		○	
		医療費動向, 専門職に聞く, 月の予定, 医業コンサルの目		○	○			
		活動紹介, 本の紹介, 気になるNEWS	○					2面;理事会・県連, 3面;社会・運動, 4・5面;特集, 6面;医療・福祉, 7面;交流・職員
○		毎号特集を設け多数の専門医が解説, 治療方針を紹介, 学会の動向		○	○			
○		メーカーニュース, 新製品, 厚生行政 Weekly		○	○			
○		厚生労働省の動き, 医政局長通知, 関係団体の動き, 新製品紹介		○	○			
	○	団体の活動, 厚生労働省の通達, 改正薬事法について, 処方せん			○			
		団体の活動紹介, 産業医訪問, 働く若手応援シリーズ			○		○	
		団体の活動紹介, 業界動向						
		国保特別審査委員会審査状況, 全国知事会議発言要旨, 主張, 提言						

タイトル	発行母体名	発行母体の形態	出版地	新聞以外の出版物	
教育医事新聞	教育医事新聞社	新聞社	東京	視力回復はカン違い, 環境微量化学物質と人体, 学校メンタルヘルス	
月刊静脈経腸栄養ニュース	ジェフコーポレーション	企業	東京	みんなの栄養管理講座, 静脈経腸栄養年鑑	
健康さっぽろ	札幌市医師会	団体	北海道		
週刊医学界新聞	医学書院	出版社	東京	今日の治療指針	
新医協	新日本医師協会	団体	東京		
全日病ニュース	全日本病院協会	団体	東京		
都医ニュース	東京都医師会	団体	東京		
日本医科器械新聞	日本医科器械新聞社	新聞社	東京		
日本病院会ニュース	日本病院会	団体	東京		
日医ニュース	日本医師会	団体	東京	日常診療のための運動指導と生活指導ABC	
病院新聞	病院新聞社	新聞社	東京		
ほうもん看護	日本訪問看護振興財団	団体	東京		
北海道医療新聞	北海道医療新聞社	新聞社	北海道		
民医連新聞	全日本民主医療機関連合会	団体	東京		
メディカルビューポイント	医事出版社	出版社	東京		
薬事ニュース	薬事ニュース社	新聞社	大阪		
薬事日報	薬事日報社	新聞社	東京	保険薬剤師のための疾患別Q&A, ポケット版臨床医薬品集	
薬日新聞	薬日新聞社	新聞社	富山		
よぼう医学	東京都予防医学協会	団体	東京		
大阪保険医新聞	大阪府保険医協会	団体	大阪		
国保新聞	国民健康保険中央会	団体	東京	国民健康保険の実態	

発行母体が行う行事	従業員数・人	日本専門新聞協会加盟	日本新聞協会加盟	流通・販売	縮刷版の有無	データベースの有無	データベース提供元	CD・DVD	デジタル版	年間購読料：円	第三種郵便物	ウェブサイトの有無
				直販						8,100	1988年5月24日	○
セミナー	10			直販						7,000	1999年6月14日	○
				会員関係先配布/関連施設配置/非売品						0		○
	225			直販						5,000		○
				直販						5,000		
	11			会員等配布						7,200	1988年3月23日	○
				直販						1,590	1973年12月7日	○
	2			直販						7,000		
	30			直販						6,000	1970年2月10日	○
	220			直販						2,400	1967年3月4日	○
	8			直販						21,600	1966年12月24日	○
	16			会員配布/関係先配布/関連施設配布						5,000	1997年3月4日	○
	40	○		直販						19,000	1968年7月23日	○
	5			直販						3,960	1966年9月13日	○
	6			直販						7,200	1981年1月8日	○
		○		直販		○	日経テレコン,ELNET			12,232	1951年3月5日	○
	54	○		直販		○	日経テレコン,ELNET	○		32,340	○（年月日不明）	○
	6			直販						12,000	1947年7月30日	○
				会員配布						0		○
				会員配布/直販						8,000		
	86	○		直販	○					3,960		○

タイトル	産業分類	創刊年	サイズ	発刊頻度	ページ数	企業・団体	業界・市場	統計・データ	法律・特許	会社経営	人物
シルバー産業新聞	P	1996年11月10日	ブランケット	月刊	12-24	○	○	○	○	○	
経済産業新報	R	1946年1月	タブロイド	隔週	8	○	○				
セキュリティ産業新聞	R	1988年4月10日	ブランケット	月2回	10-26	○	○			○	
洗車給油所新聞	R	1973年10月	ブランケット	月2回	4-8	○	○	○	○		
全東京新聞	R	1974年	ブランケット	月刊	4	○				○	
R&I (REGISTRATION AND INSPECTION)	S	1970年5月	タブロイド	月刊	4	○	○	○		○	
自家用車新聞	S	1954年1月	タブロイド	旬刊	4	○		○			
環境市場新聞	T	2005年7月1日	ブランケット	季刊	8	○	○	○		○	○
環境新聞	T	1965年11月	ブランケット	週刊	8-12	○				○	
東商新聞	T	1955年12月20日	タブロイド	月2回	12-16	○	○	○		○	

技術・製品・商品	起業・就職・資格	新聞原紙の主な内容	広告なし	製品広告	企業広告	イベント	出版情報	紙面構成の見出し有無
		厚生労働省の動き，これからの介護保険，商品情報，イベント情報			○	○		固定ではないが2面；ビジネス，3面；制度・行政，4—8面；ケアマネ，9面；特集，10面；フードケア
		海外の動向について書かれている			○	○		1—3面，6—8面；総合，4・5面；展望
○		セキュリティ全般，防犯カメラ，防災，インターネット上のネットワーク			○	○		
○		特許情報，給油所の推移，新製品紹介			○	○		2面；洗車・関連市場版，3面；給油所経営版，4面；洗車場経営版
		区議会の名質問，人事・機構			○	○		
		都道府県別・車種別・業態別自動車数，自動車関係団体の活動報告，国土交通省辞令				○		
		事故と裁判，安全運転講習，交通安全ニュース			○			
		環境政策最前線，環境問題を読み解くことば			○			
○		ニュースフラッシュ，環境省の人事異動，環境に関係する図書の紹介		○	○	○	○	固定ではないが2面；総合，3面；低炭素/環境管理，4面；循環型社会，5面；水・土壌環境，8面；原子力・放射線安全
		関係団体の活動紹介，東商情報ファイル，経済データ，経済の目，新刊紹介			○	○	○	

タイトル	発行母体名	発行母体の形態	出版地	新聞以外の出版物	
シルバー産業新聞	シルバー産業新聞社	新聞社	大阪	安全快適な福祉用具活用, 在宅介護ですぐに役立つ 福祉用具の基礎知識—実践！福祉用具サービス計画—	
経済産業新報	経済産業新報社	新聞社	東京		
セキュリティ産業新聞	セキュリティ産業新聞社	新聞社	東京		
洗車給油所新聞	洗車給油所新聞	新聞社	東京	洗車便覧	
全東京新聞	全東京新聞社	新聞社	東京		
R&I (REGISTRATION AND INSPECTION)	自動車検査登録協力会	団体	東京	自動車保有車両数月報, 市区町村別自動車保有車両数	
自家用車新聞	イリオス	出版社	大阪		
環境市場新聞	日本テクノ	企業	東京		
環境新聞	環境新聞社	新聞社	東京	環境配慮契約法産業廃棄物処理契約ハンドブック, 東日本大震災災害廃棄物処理にどう臨むか	
東商新聞	東京商工会議所	団体	東京	カラーコーディネーター検定試験2級問題集, ビジネス実務法務検定試験2級公式テキスト	

発行母体が行う行事	従業員数：人	日本専門新聞協会加盟	日本新聞協会加盟	流通・販売	縮刷版の有無	データベースの有無	データベース提供元	CD・DVD	デジタル版	年間購読料：円	第三種郵便物	ウェブサイトの有無
	9			直販						6,500	1997年11月5日	○
	4			直販	○					27,300	1966年9月8日	○
				直販		○	日経テレコン			45,000	1997年1月31日	○
				直販						18,900	1973年11月19日	
				直販						3,780	1986年8月15日	
				直販						1,100	1971年4月1日	○
	53			直販						6,000	1954年4月24日	
	683			宅配/関係先配布						0		○
	60	○		直販		○	日経テレコン			25,200	1966年2月14日	○
セミナー等多数	461			会員配布		○	日経テレコン			4,515	1955年12月20日	○

［著者略歴］
吉井 潤（よしい じゅん）

1983年、東京都生まれ
早稲田大学教育学部卒業、慶應義塾大学大学院文学研究科図
書館・情報学専攻情報資源管理分野修士課程修了
2006年、山中湖情報創造館（ライブラリアン）、09年、練馬区立
南田中図書館副館長、10年、新宿区立角筈図書館副館長を経て、
13年から江戸川区立篠崎図書館・江戸川区立篠崎子ども図書館
館長
地域資料デジタル化研究会監事、三田図書館・情報学会会員、
日本図書館協会会員
著書に『29歳で図書館長になって』（青弓社）、『知って得する図
書館の楽しみかた』（勉誠出版）、共著に『図書館の活動と経営』
（青弓社）など

仕事に役立つ専門紙・業界紙

発行 ——— 2017年5月26日　第1刷

定価 ——— 1600円＋税

著者 ——— 吉井 潤

発行者 —— 矢野恵二

発行所 —— 株式会社青弓社
　　　　　〒101-0061 東京都千代田区三崎町3-3-4
　　　　　電話 03-3265-8548（代）
　　　　　http://www.seikyusha.co.jp

印刷所 —— 三松堂

製本所 —— 三松堂
　　　　　©Jun Yoshii, 2017
　　　　　ISBN978-4-7872-0064-8 C0000

青弓社の既刊本

吉井 潤
29歳で図書館長になって
「人・もの・金」を確保して生き生きとしたサービスを提供するには
どうしたらいいのか、これまでの殻を打ち破る大胆な施策を提案し
て、利用者に身近な情報拠点作りを呼びかける。　　定価2000円+税

大串夏身
調べるって楽しい!
インターネットに情報源を探す
インターネット検索の基本からウェブサービスの活用法、特定の
テーマを掘り下げて調べる方法をレクチャー。インターネットの大海
に情報源を探す方法をコンパクトにガイドする。　　定価1600円+税

渡辺 潤／宮入恭平／歌川光一／加藤裕康 ほか
「文化系」学生のレポート・卒論術
音楽・映画・ファッション・アイドル・スポーツなど身近な文化のレ
ポートや卒論を書くうえでの基本的なルールや文章術、視点や素
材、資料やデータの集め方をレクチャーする。　　定価1600円+税

塚田修一／松田聡平
アイドル論の教科書
女性グループアイドルのパフォーマンスや社会現象を読み解き、ア
イドル文化の知的な楽しみ方、そのための視点を文系・理系に分け
て提供する。アイドル研究のための入門講義。　　定価2000円+税